ज्ञान गरिमा के
72 वर्ष

भारतीय
ज्ञानपीठ

णाणं
पयासयं

वीर नि. सं. 2470

भारतीय ज्ञानपीठ

ई. सन् 1944

पानी पर पटकथा

पानी पर पटकथा

(ललित निबन्ध)

अष्टभुजा शुक्ल

भारतीय ज्ञानपीठ

लोकोदय ग्रन्थमाला : 1312

ISBN : 978-93-87919-09-9

पानी पर पटकथा

(ललित निबन्ध)

अष्टभुजा शुक्ल

प्रकाशक : **भारतीय ज्ञानपीठ**
18, इन्स्टीट्यूशनल एरिया, लोदी रोड, नयी दिल्ली-110 003

मुद्रक : विकास कम्प्यूटर ऐंड प्रिंटर्स, दिल्ली-110 032

आवरण चित्र : सुचिन्त मंडलोई
आवरण : महेश्वर

PANI PAR PATKATHA
(Essay)
ASHTBHUJA SHUKLA

Published by
Bharatiya Jnanpith
18, Institutional Area, Lodi Road, New Delhi-110 003
Ph. : 011-24698417, 24626467; 23241619 (Daryaganj)
Mob. : 9350536020; e-mail : bjnanpith@gmail.com
sales@jnanpith.net; website : www.jnanpith.net

First Edition : 2018
Price : Rs. 240

आचार्य हजारी प्रसाद द्विवेदी जी की
पुण्य-स्मृति के लिए सादर

भूमिका

हिन्दी के यशस्वी कवि अष्टभुजा शुक्ल के ललित निबन्धों के संकलन 'पानी पर पटकथा' को पढ़ना शुरू करते ही ध्यान में आया कि संस्कृत विद्वानों की एक परम्परा है जिन्होंने हिन्दी गद्य को समृद्ध किया है। सर्वप्रथम पंडित चन्द्रधर शर्मा गुलेरी का फिर, गुरुवर पं. हजारीप्रसाद द्विवेदी का। ये प्रामाण्य व्यक्तित्व थे। प्राचीन के जानकार थे, प्राचीनतावादी नहीं थे, पुरातन के मर्मज्ञ और विचारों में प्रगतिशील, आधुनिक। प्रगतिशीलता और आधुनिकता की संदेशवाहिका इनकी भाषा का चलतापन। (चलतापन आचार्य शुक्ल का व्यवहृत शब्द है पद्माकर की भाषा के लिए जिनकी भाषा की आचार्यश्री ने अनथक प्रशंसा की है) गुलेरी जी पाणिनि के अध्येता थे। गद्य 'उसने कहा था', कछुआ धर्म मारेसि मोहिं कुठांव' जैसी रचनाओं को लिखते थे। पं. हजारीप्रसाद द्विवेदी हिन्दी में बाणभट्ट की आत्मकथा लिखते थे और संवेदना जबदा गयी है। अगवाह रास्ता, अटट गँवार भी लिखते थे। इस सूची में पं. विद्यानिवास मिश्र और श्री कुबेरनाथ राय का भी नाम जोड़ सकते हैं। कुबेरनाथ राय की भाषा विज्ञता के बारे में मेरी जानकारी ज़्यादा नहीं है। वे अँग्रेजी के अध्यापक थे, इतना जानता हूँ। आचार्य जानकीवल्लभ शास्त्री संस्कृतज्ञ थे लेकिन निबन्धकार नहीं थे।

इस सूची में जुड़नेवाला नवीनतम नाम अष्टभुजा शुक्ल का है। इनकी विशेषता यह है कि इससे पहले कोई कवि रूप में वह यश नहीं प्राप्त कर सका था। सो अष्टभुजा शुक्ल हिन्दी गद्य को समर्थतर बनाने वाले सिर्फ गद्यकार नहीं समर्थ कवि सक्षम गद्यकार हैं।

प्राचीन विज्ञता की प्राचीन समकालीनता की धारा टकराकर आधुनिक बनाई है। कसौटी है कि वह समकालीन सरोकारों में उपयोगी हो और काम आए। हम देखते हैं कि 'पानी पर पटकथा' के निबन्ध शुरू तो होते हैं। (प्रायः) पुराने जमाने की बात से लेकिन निबन्धकार का 'मैं' जिन समस्याओं

को झेलता है वे सब उसी के ज़माने की हैं। यह अलग से कहने की जरूरत नहीं है कि निबन्धकार का मैं, सिर्फ मैं नहीं है वह 'हम' है। यानी अपने समय का ऐतिहासिक आम आदमी। इन निबन्धों में निबन्धकार का 'मैं' विशिष्ट स्थिति में प्रायः सर्वत्र मौजूद रहता है। वह कोई ऐसा अभिनेता है जो कोई एक भूमिका नहीं निभाता। वह स्थिति के अनुकूल कुछ भी हो सकता है। नायक, प्रतिनायक, गरीब-अमीर, अच्छा-बुरा सिर्फ़ एक बात है कि वह स्थितियों को ठेल कर वहाँ पहुँचा देता है। जहाँ हमारे समय की ऐतिहासिक नैतिकता उजागर हो जाती है। इस तरह से देखें तो पानी पर पटकथा के ललित निबन्ध स्वातन्त्र्योत्तर भारत की प्रकारान्तर से है यही एक आचरण संहिता को प्रस्तुत करते हैं। बात यह है कि साहित्य अगर चुपचाप पाठक के मनोजगत् में विक्षोभ पैदा करने के उपरान्त किसी आचरण-पथ का निर्देशन करे तो वह सार्थक नहीं हो सकता। पथ का स्पष्ट निर्देश करके भी वह पथ का कोई संकेत करता है। कम से कम कर्तव्याकर्तव्य डूज़ और डोंट्स का संकेत करता है। कुछ करने का संकेत न करे तो 'इसे नहीं करना चाहिए' का संकेत करता है। अष्टभुजा शुक्ल के ललित निबन्ध सिर्फ ललित नहीं। ललित तो विधा या काव्यरूप का बोधक है। अन्तर्वस्तु में तो ये पाठक को हमारे समय की असाध्य, दुस्साध्य समस्याओं, जीवन के जटिल और बीहड़ पथों पर ले जाते हैं। इस बीहड़ता में सर्वत्र प्रायः हाशिए पर स्थित वंचित व्यक्ति स्पष्टतः निम्नवर्गीय और निम्नवर्णीय भारतीय जन की जीवन कथा है। संघर्ष शब्द का प्रयोग जानबूझकर नहीं कर रहा क्योंकि ऐसे भी हल भाग्य हैं जो संघर्ष कौन कहे। अपनी जबान भी नहीं खोल सकते। निराला के शब्दों में 'हताशवास'।

ललित निबन्ध चाहे जितने ललित हों, हैं वे निबन्ध ही। उनमें 'बन्ध' होना चाहिए। विषयवस्तु का और तर्कसंगति का। अष्टभुजा शुक्ल के निबन्धों में ग़ज़ब की आन्तरिक संगति है। वे किसी कथन को अपुष्ट नहीं रहने देते—चाहे उनका अपना हो या पूर्व सृष्टियों का। इन निबन्धों में अष्टभुजा शुक्ल लेखक के रूप में भी किसान लगते हैं। सरोकारों, स्थितियों से जूझते हुए, वंचित जन के साथ जीवन-क्षेत्र में कुदाल कलम से जोतते-खोदते हुए। तर्क-वितर्क चाहे जितना हो बहस मुबाहिसा हो, प्राचीन, नवीन उक्तियों का समावेश हो—वह समग्रज्ञान-विज्ञान, जानकारी, वाक्पटुता, ऐतिहासिक जन की पक्षधरता में दृढ़ता से खड़ी हो। करुणा का माहात्म्य तो संस्कृतज्ञ अष्टभुजा शुक्ल ही जानते होंगे। लेकिन यह तो नहीं है कि कुछ न कुछ सोचकर ही करुण को ही रस कहा होगा कालप्रियानाथ के उपासक ने।

करुणा स्पन्दित रचना ही सार्थक होती है नहीं तो—

जरि जानु सो जीवन जानकीनाथ नियइ जय ने तुम्हारे बिन ह्वै।

"वह सर्पदन्त की मारी बच्ची मेरी बेटी, भतीजी या नातिनी में से कुछ भी तो नहीं। उसकी मैं जाति नहीं जानता, गोत्र नहीं जानता, सम्प्रदाय नहीं जानता। जानता हूँ तो सिर्फ पाँच साल की उम्र, खेलने-कूदने, खिलखिलाने, खाने-पीने की बेकसूर उम्र। मैदा की लोई जैसी देहयष्टि। हाजीपुरी केले की बटिया जैसी नन्हीं-नन्हीं उंगलियाँ। फूल कुमुदों जैसी स्वच्छ हँसी। मूँगफली के कच्चे दानों की दालों जैसे दाँत। नौसम्दा जैसी रुलाई और खरगोश के बच्चे जैसी निष्पाप आखें।"

समकालीन गद्य में फलीभूत होने वाली परम्परा की यह सम्पन्नता संस्कृत ही दे सकती थी। पर्यवेक्षणा जीवन और जनता के प्रति आत्मीयता देता है। कौन कहता है कि हिन्दी गद्य में वाणभट्ट की सम्भावना नहीं है। पानी पर पटकथा आचार्य हजारीप्रसाद द्विवेदी को समर्पित है।

इस पुस्तक का पाठक अष्टभुजा शुक्ल के देशप्रेम की भावना देखकर चकित रह जाएगा। देशप्रेम देश परिचय की ज़मीन पर फलता है। वे अपने आसपास, निकट और दूरदराज़ की घटनाओं—राष्ट्रीयता अन्तर्राष्ट्रीय घटनाओं को कितने ध्यान से देखते और हृदयांगम करते हैं—कितना विक्षुब्ध और कभी-कभी सन्तुष्ट भी होते हैं। उनका सारा अर्जित वैदुराय इसी विक्षोभ और तुष्टि से टकराकर शब्द-बद्ध होता है। और इसीलिए उनके निबन्ध हमारे समय के दस्तावेज भी हैं क्योंकि वे देशकाल के क्षर से बिद्ध हैं। इन निबन्धों को पढ़कर मुझे लगता रहा कि हमारे समय—(पुस्तक के रचना-समय) की शायद ही कोई उल्लेखनीय घटना हो जिसका किसी न किसी रूप में उल्लेख न हुआ हो इस पुस्तक में। सो इन निबन्धों की गहराई का सम्बन्ध इनकी व्याप्ति से भी है।

'पानी पर पटकथा' में संस्कृतनिष्ठ भाव-बोध और पूर्वी उत्तर प्रदेश की क्षेत्रीय भदेसपन का सर्जनात्मक संश्लेष है। यह क्षमता विचारणीय है। जैसे विषयवस्तु की व्याप्ति में मिथक, जाति, देश-परदेश, धर्म, राजनीति, लोकजीवन, विचारधारा सब मिलकर पाठ को निर्मित करते हैं। वैसे ही रूपगत संश्लेष में संस्कृत, अवधी उर्दू, देहातीपन, मुहावरे, मिथकीयता विलन्दड़ीपना, ध्वनि-प्रवाह, घुले-मिले हैं। उनका यथाप्रसंग यथारूप प्रयोग औचित्य करता है। वस्तु और रूप का यह साहित्य इस कृति के औचित्य बन्ध का रहस्य है।

यह कार्य दुस्साध्य है। तुलसीदास बाबा ने संस्कृत अवधी, ब्रजी,

फारसी, देशज का ऐसा घोल तैयार किया कि सब एक मिल हो गये। और उसमें अपनी लय और अपना प्रवाह पैदा हो गया। गद्य की अपनी लय होती है। मुझे 'पानी पर पटकथा' में उस लय की झलक दिखलाई पड़ती है। पूर्वी उत्तर प्रदेश आर्थिक दृष्टि से बहुत पिछड़ा, उपेक्षित, रोग-ग्रस्त-अन्धविश्वास-मूढ़ क्षेत्र है। राजनीतिक दृष्टि से अब पीछे रह गया है, किन्तु सांस्कृतिक दृष्टि से अब भी प्रचुर सम्पन्न है। इन सबकी पकड़ इस पुस्तक में है।

आशा है कि कवि अष्टभुजा शुक्ल गद्य की इस साधना में भी लगे रहेंगे।

—विश्वनाथ त्रिपाठी

पूर्वकथन

मेरे ऐसे गद्याचार का यह दूसरा पुस्तकाकार संकलन है। पहला संग्रह, इसके काफी पहले 'मिठउवा' के नाम से प्रकाशित हुआ था जिसे गद्य के सुधी पाठकों और प्रेमियों ने बहुत ही सुरुचि और आत्मीयता के साथ अपनाया था एवं ऐसे लेख निरन्तर लिखते रहने की नेक सलाह भी प्रदान की थी। तमाम उज्र, असहमतियों और अनदेखियों के बावजूद अभी भी मैं इन निबन्धों को ललित निबन्ध कहना ही प्रासंगिक मानता हूँ। इसी के साथ इन्हें अब तक की हिन्दी निबन्ध की उसी प्रफुल्ल परम्परा के विकसित पाठ के रूप में पढ़े जाने का विनम्र प्रस्ताव भी करता हूँ। कोई भी विधा उस तरह मरती नहीं। अलबत्ता, उसकी रूप-रचना बदलती रहती है। जाहिर-सी बात है कि विधा-विशेष का टैग लगा देने मात्र से भी कोई शब्द-विन्यास रचनात्मक नहीं हो जाता। लेकिन हिन्दी में इन दिनों जैसी रचनात्मक उदासी व्याप्त है और व्यक्तिगत खींचतान को ही सृजनात्मकता का शरण्य बना दिया जा रहा है, उससे प्रसन्न गद्य के लिए जगह और सिकुड़ती जा रही है। इस पर गम्भीरतापूर्वक सोचने की जरूरत आ पड़ी है। बेशक, यहाँ संकलित इन निबन्धों की भाषा और लय में परम्परा की निर्मोक लिपटी हुई है लेकिन विषयवस्तु में समय से टकराव आत्यन्तिक रूप से मौजूद मिलने चाहिए। इसलिए समय के साथ खड़ी भाषा में नितान्त नये पाठकों को इनमें एक फाँक-सी भी दृष्टिगोचर हो सकती है और हाय-तौबा करने की खुली छूट भी। इस निबन्धमाला की यह एक सीमा मानी जा सकती है।

इनकी दूसरी सीमा भी स्पष्ट है। शुभचिन्तकों का विश्लेषण किंवा आरोप है कि मेरी रचनात्मकता में 'आत्म' बहुतायत है। यहाँ तक कि इसके साथ 'मुग्धता' भी जोड़ी जा सकती है। उनके इस उपालम्भ को यहाँ भी आदर मिलने के पर्याप्त अवसर हैं। हकीकत यही है कि जीवन में 'मुग्ध' होने के अवसर और परिवेश के बरक्स, विक्षुब्ध होने के अवसर ही ज्यादा पाले पड़े हैं। किन्तु ललित निबन्धों के परिसर में जिस आत्मव्यंजकता और व्यक्तिव्यंजकता की अक्सर चर्चा होती है,

उसके गुणसूत्र इनमें पदे-पदे मिल सकते हैं। इन निबन्धों की तीसरी सीमा और भी मुखर है। ये किसी परिभाषासम्मत निबन्धों की परिधि से हमेशा छटकते दिखाई देंगे। अतः इन्हें गद्य के घालमेल की तरह भी बाँचे जाने के यथेष्ट अवकाश हैं और पुरोधा आचार्य हजारी प्रसाद द्विवेदी ने तो कृष्ण द्वैपायन की भाँति दोनों हाथ उठाकर कह दिया है-सब कुछ अविशुद्ध है! यह शुद्धतावादियों के सिर किसी घन से कम नहीं।

बहरहाल, नामवर जी, पद्मा सचदेव, काशीनाथ सिंह, वागीश शुक्ल,चित्रा मुद्गल, विश्वनाथ प्रसाद तिवारी, विजय बहादुर सिंह, लीलाधर जगूड़ी, विष्णु खरे, प्रयाग शुक्ल, प्रो. रविभूषण, डॉ. रामकीर्ति शुक्ल जैसे अलग-अलग विधाओं और प्रकृति वाले वरिष्ठ लेखकों ने इन्हें यत्र-तत्र पढ़कर जैसी पीठ-ठोंकू शाबाशी से बराबर लिखने का मनोबल बढ़ाया है वैसे ही प्रभाकर श्रोत्रिय सरीखे सम्पादक मुझे ललित निबन्ध लिखने के लिए ही बने लेखक मानने के दुलार से ओत-प्रोत हैं। इससे ज्यादा कटु बात यह कि ये नामोल्लेख किसी मुहर लगाने या लगवाने के उपक्रम नहीं। फिलहाल सुधीर विद्यार्थी, ओम निश्चल, स्वप्निल श्रीवास्तव, कर्मेन्दु शिशिर, राजाराम भादू, राजेन्द्र उपाध्याय, मनीष द्विवेदी और हीरालाल त्रिपाठी सरीखे मित्रों की प्रेम-पगी स्मृतियाँ भी इस गद्यनामा के साथ गुँथी हुई हैं। श्री परमानन्द श्रीवास्तव के जीवन काल में ही लिखा गया एक आरेख यहाँ नत्थी है, जो उन्हें श्रद्धांजलि देने के सर्वोत्तम बहाने के रूप में विद्यमान है। इसके अलावे हिन्दी के दो धुरन्धरों को समर्पित श्रद्धांजलियाँ भी इनमें इसलिए संकलित की गयी हैं क्योंकि बहुतेरे मित्रों को इनमें लालित्य की भरपूर आहट मिली है।

ये श्रद्धांजलियाँ अन्त बुरा तो सब बुरा जैसा विश्वास के तहत दी गयी हैं। तमाम बुराइयों के बीच इसे जोड़कर श्रद्धांजलि-खंड कर देना बुरा नहीं लगा। अपना श्वेत-कृष्ण सब कुछ दिखा देने की आदत जैसी बन गयी है। इसीलिए यह गद्यनामा शोक प्रस्ताव और श्रद्धांजलि जैसे दो खंडों में उपविभाजित किया भी जा सकता है और नहीं भी।

कुबड़े की अर्थी बाँधने जैसा विकट यथार्थ लगातार पीछा करता रहता है। भारतीय ज्ञानपीठ के सम्प्रति निदेशक श्री लीलाधर मंडलोई ने इस मर रही विधा को प्रकाशित करने में जैसी तत्परता और अभिरुचि इजहार की है, उससे हमारा हौसला बढ़ा है। उनके प्रति कोई औपचारिक आभार प्रकट करना फिजूल है। इसी के साथ ज्ञानपीठ से प्रकाशित होनेवाले इस पहले संग्रह का मुझे हार्दिक सन्तोष भी है। किं बहुना।

अन्त में इसके प्रारम्भिक उद्बोधन का स्नेह उड़ेलने के लिए जनपदीय मनमौजी श्री विश्वनाथ त्रिपाठी जी सहज ही तैयार हो गए।

—अष्टभुजा शुक्ल

अनुक्रम

सूरज डूब गया

सूरज डूब गया! तो मान्यवर, यह कोई नया शिगूफा है? कौन सी ऐसी अनहोनी जगत् में पहली मर्तबा घटित हुई है कि डंका पीट रहे हैं। कोई आसमान तो नहीं टूटा है। यह तो संसार का चक्र है। रोज ही तो सूरज उगता और डूबता है। आज डूबा है तो कल फिर उगेगा। निकट भविष्य भले अन्धकारमय हो, लेकिन कल का बिहान तो पक्का है। अगर अन्धकार कोयले की खान ही हो तब भी उसे धधकाकर कहीं न कहीं से सूरज प्रकट हो जाएगा और धरती के मुँह की कालिख पोंछकर उसमें रक्त-चन्दन लगा देगा। सूरज ऐसा ही माई का लाल है। नित्य जन्म और मरण का साक्षी सूरज जीवट और महान् है। ऐसा सूरज डूबा है तो कोई फिक्र की बात नहीं, लेकिन जिनकी डोंगी नदी में डूब जाती है; जिनका टाइटेनिक सागर में डूब जाता है; जिनकी खेती-बाड़ी, पशु-परानी, घर-द्वार सैलाब में डूब जाते हैं; जिनके सपने अपनी ही आँखों में डूब जाते है-वे तो महाजाल डालने पर भी नहीं उपराते। वे पृथ्वी के नीचे सड़-गलकर जीवन-चक्र के जीवाश्म बन जाने को अभिशप्त हैं। फिर पेट्रोलियम बनकर इंजनों में धधकते हुए कभी श्वेत तो कभी अश्वेत धूम्रवलयों में उड़ते हुए वायुमंडल के अनुपात को बनाते-बिगाड़ते रहते हैं।

रहते हैं तो रहें, लेकिन मेरा मन कहता है कि सूरज का डूबना सिर्फ काल-विभाजन का मामला नहीं है; दिन की अर्धायु समाप्त हो जाने का मामला भर नहीं हैं; इस ब्रह्मांड के सौर-तेज के अस्त हो जाने का मामला भर का मामला नहीं है, बल्कि यह चिड़ियों के नीड़ में वापस आने का भी मामला है, ढोरों के गोष्ठ में लौटने का भी मामला है, फुटपाथों से दुकान समेटने और तालाबों से बंसी बटोरने का भी मामला है, रोशनी के विकल्प खोजने का मामला है—'घरी राति बितलीं, पहर राति बितलीं से धधके करेजवा में आगि रे बिदेसिया' टेरकर कठ-करेजी प्रियतम को उपालम्भ देने का भी! आज की यह रात भी अमावस की रात है। पूर्णिमा की होती या दूज की ही सही, कम से कम मन तो आश्वस्त रहता कि चलो सूरज डूब गया तो चन्दा के सहारे रात कट जाएगी। लेकिन आज सूरज क्या डूबा कि

हमें ही निष्प्रभ कर गया। कल क्या होगा, कौन जाने? जानकारों के अनुसार सूरज आग का एक बड़ा-सा गोला है। यदि यह गोला डूब गया तो हम इतना पछता रहे हैं किन्तु यदि यही गोला धरती पर उतर आए तो? नहीं, नहीं अरुणदेव! करबद्ध निवेदन है कि जहाँ हो और धरती से जितनी दूर पर हो उतनी ही दूरी बनाए रखो। इससे अधिक कृपा की जरूरत नहीं! किसी-किसी की कृपा जितनी उपकारक होती है, उसका सामीप्य उतना ही अनिष्टकर। जब तक सूरज हमसे इतनी दूर है तब तक तो वह हमारी ऊर्जा का सबसे बड़ा स्रोत है, किन्तु वह तनिक भी हमारी ओर खिसका तो हमें झौंस देगा। फिर हम न अन्तरिक्ष में उड़कर बच पाएँगे, न रसातल में धँसकर। चाहे सौर ऊर्जा का स्रोत हो या आणविक अथवा मानव ऊर्जा का-जब तक हम स्रोतों की ओर जाते रहेंगे तब तक कुछ न कुछ पाते रहेंगे, परन्तु यदि स्रोत ही हमारी ओर बढ़ने लगेंगे तो गिनती उलटी शुरू हो जाएगी। निन्यानबे के फेर में पड़ना खतरे से खाली नहीं। आखिर, किन्तु-परन्तु पचड़े से कौन बच सका है? दर्शन कि साहित्य कि विज्ञान? विज्ञानियों का अनुमान है कि कोई पाँच अरब वर्षों बाद सूरज का व्यास सौ गुना बढ़ जाएगा। तब वह कमल को खिलानेवाला, चकवा-चकवी को मिलाने वाला, पूरब-पच्छिम का बोध कराने वाला, संसार को हरा-भरा रखने का बीमा लेने वाला, सबको आदमकद धूप देनेवाला सूरज नहीं बल्कि भयंकर रक्तदानव के रूप में धरती की ओर लपकेगा। समुद्र सूख जाएँगे। वनस्पतियाँ भस्म हो जाएँगी। धरा श्मशान हो जाएगी। चिता ही चिता दिखाई देगी और मुखाग्नि देने वाला होगा सूरज। किन्तु कर्मकांड के लिए न गरुड़ पुराण बचेगा, न फातिहा। न पंडित जी, न फादर, न मौलवी साहब। लेकिन साहब दसों नह जोड़कर गुजारिश है कि पाँच अरब वर्षों बाद आनेवाले अनागत से तो हम पूरी तरह महफ़ूज़ हैं; बल्कि हमारी आँखों के आगे दिखाई देने वाली नाती-पोतों की तीन पीढ़ियों पर तो कोई आँच आनेवाली नहीं। फिर भी जिसे उस सर्वदग्ध चीत्कार का सामना करना पड़ेगा, वे तो हमारे बच्चों के बच्चों के बच्चों के बच्चे ही होंगे। ओह! नहीं, नहीं, अरबों वर्ष के भविष्य या अतीत के बारे में सोचना और विचार करना तो हमारा कर्त्तव्य है, किन्तु वर्तमान में उसे देखने की कल्पना भी किसी आपदा से कम नहीं। जो लोग वर्तमान को अतीत का जीरॉक्स समझते हैं वे संसार को पत्थरों और अस्थियों का संग्रहालय बनाना चाहते हैं और प्रेतबाधा से ग्रस्त मानसिकता के होते हैं तथा जो वर्तमान को भविष्यकाल के आधार पर चलाना चाहते हैं; वे जीवन से अधिक बेजान नक्षत्रों के अन्धविश्वासी होते हैं। सचाई यह कि जो अपने वर्तमान में नहीं होता वह न तो अपने अतीत से आया हुआ लगता है और न भविष्य में उसकी कोई राह बनती है। सुदूर भविष्य से नातिदूर वर्तमान कहीं भला है। पाँच अरब वर्षों बाद के मिथकीय भयावने सूरज की तुलना में आज का डूबता हुआ सूरज कम अवसादकारी

है। सूरज के उस दीर्घकालिक और दुष्ट पाठ को पढ़ने से हम इनकार करते हैं, इस अतिभौतिकी और अतिमिथकीय कक्षा का बाहिष्कार करते हैं। हमारा आज का पाठ डूबता हुआ सूरज है और वह खुद ही चिता पर है। सच तो यह है कि संसार की ऊर्जा का सबसे बड़ा स्रोत अहर्निश जलता ही रहता है, लेकिन आज तक जलते हुए सूरज की कहीं चुटकी भर राख नहीं मिली। इसको कहते हैं जलना! उस ग्रह का अपना अकेला श्मशान है जहाँ से वह हमारे ग्रह को जीवनदान प्रदान कर रहा है। जलते हुए सूरज की बदौलत ही हम हरे-भरे संसार के दिन देखने को पा रहे हैं। हम इस सूरज के कृतज्ञ हैं। आभारी हैं। सम्प्रति, यह तेजोमय सूरज डूब रहा है और अनित्याभास करा रहा है।

सुभाषितों का कथन है कि सूरज उगता हो या डूबता-दोनों ही दशाओं में लाल रहता है। आशय यह कि सुख हो या दुख-महान् लोग प्रत्येक दशा में एक समान और अविचलित होते हैं। फर्क नहीं पड़ता। नहीं फर्क पड़ता होगा महान् लोगों को! बनी रहती होगी उनकी लाली, लेकिन छोटों पर तो फर्क पड़ता है। सूरजमुखी और कमल पर फर्क पड़ता है। उल्लुओं, जुगनुओं और सितारों पर फर्क पड़ता है। मशालों, मोमबत्तियों, ढिबरियों, लालटेनों, और टार्चों पर फर्क पड़ता है। एक के बुझ जाने से बहुतों को जलना पड़ता है। दिन में जिनकी कोई भूमिका नहीं मानी जाती, उन्हें रात में अभिनय करना पड़ता है, लेकिन मित्र, मित्र डूब रहा है। डूबते हुए मित्र को प्रणाम करनेवाले भी कुछ लोग होते ही हैं। आँवले की सहमतीं-सिकुड़तीं पत्तियाँ, वृक्षों पर खामोश बैठा कपिवर्ग, ग्राहकों को खोजतीं भुनी हुई मूँगफलियाँ, रतौंधियाँ-सब के सब अस्तगामी सूरज को श्रद्धांजलि देते नज़र आ रहे हैं। वैसे तो सबके अपने-अपने सूरज, चाँद सितारे हैं। ये किसी के घोषणा-पत्र हैं तो किसी के चुनाव-चिह्न, किसी के चारों धाम तो किसी के मोनोग्राम। स्वदेशी स्वयंसेवकों का अपना महान् सूरज है तो वैश्वीकरण के बाबुओं का अपना। किसी ने उसे कपड़े पर उतार लिया है तो किसी ने कागज पर; किसी ने आँखों में बसा लिया है तो किसी ने जबान में; किसी ने कविता में ढाल लिया है तो किसी ने कहानी में। इस अपना-अपनी में कोई नहीं देखता कि सूरज तो जलते हुए ही जीवन जी रहा है। कोई नहीं देखता कि किसी के साम्राज्य में भंडारण सड़ रहा है तो किसी की क्यारी में बोने भर को बीज नहीं। जिनके पास अपने खड़े होने भर को भूमि नहीं उनके लिए लेटने और सोने की जगह कहाँ? कोई भी रजिस्टर्ड श्मशान उन्हें अपने भीतर दाखिल होने की अनुमति नहीं देता। मर कर भी खड़े रह सकते हो? बराबर है। दिन भर झुके रह सकते हो? बराबर है। बिना दाना-पानी के समुद्र उलीच सकते हो? बराबर है। कैसा बराबर और कैसी बराबरी? बर्बरता की बराबरी कौन कर सकता है? कुछ लोग अपना सपना पाले हुए जीवन भर जुते रहते हैं कि किसी दिन

हम भी उठकर, उनके बराबर हो जाएँगे जबकि ऊपर के लोग उठ रहे लोगों को नीचे ढकेलने के उच्चाटन में लगे रहते हैं। उठकर बराबर होने की कोशिश और उस कोशिश को ऊपर से धराशायी करने का कुचक्र ही तो जगत् की द्वन्द्वात्मकता का श्वेतपत्र है! किन्तु ऐसी द्वन्द्वात्मकता में जमीन और आसमान का फर्क होता है। जबकि बराबरी की द्वन्द्वात्मकता ही दुनिया का सबसे खूबसूरत बिम्ब है।

सूरज निर्द्वन्द्व है और अकेला है। यही उसकी आन्तरिक पीड़ा है। इसी बेचैनी से वह लगता है आत्मदाह करके अन्तरिक्ष के महासागर में कूद पड़ा है। किन्तु किसी गुब्बारे की तरह हल्का सूरज महासागर की सतह पर, औंधे अन्तरिक्ष में कुशल नट की तरह करतब दिखाता हुआ, तैर रहा है। और अब धीरे-धीरे महासागर के उत्प्लावन बल से सूरज का भार अधिक हो रहा है। जैसे गुब्बारे में पारे की तरह सूरज का दुख पल-पल घनीभूत हो रहा है और वह डूब रहा है। गतोऽस्तमर्कः। देखने में यह एक सामान्य-सा कथन या वाच्य है जिसका वाच्यार्थ एक मामूली-सी क्रिया है। यह मामूली-सी लगने वाली क्रिया अपने व्यंग्यार्थ और पाठोपपाठ से बखेड़ा बन जाती है। तब हम प्रकृत सूरज से निरपेक्ष होकर अपनी दुनिया में लौट आते हैं। प्रश्न यह है कि कौन किससे कह रहा है कि सूरज डूब रहा है? गोपाल, ग्वाले से कह रहा है या महाजन नौकर से? सास बहू से कह रही है या बेटी से? प्रेमी, प्रेमिका से कह रहा है या दूती से? मजदूर अपने साथी से कह रहा है या ठेकेदार से? कोई सैलानी चित्रकार से कह रहा है या तस्कर, अपने यार से? मौसेरे भाई, सूरज डूब रहा है। सखि, सूरज डूब रहा है। बन्धु, सूरज डूब रहा है। बेटी, सूरज डूब रहा है। हुजूर, सूरज डूब रहा है। ऐसी ही हजारों घटनाओं और दुर्घटनाओं के बीच सूरज डूब रहा है। सूरज के डूबने के सबके अपने-अपने पाठ और अर्थ-सन्दर्भ हैं। अतः किसी को उसकी समग्रता में जानने या समझने के लिए सन्दर्भ का देखना जरूरी है। सन्दर्भ से अलग रखकर या सन्दर्भ से काटकर देखे गये अर्थ का अनर्थ होना तय है; बल्कि सन्दर्भ ही सबसे प्रामाणिक पाठ है। हमारा आज का सन्दर्भ, कोई शिगूफा नहीं बल्कि डूबता हुआ सूरज है। शिगूफे तो वे छोड़ते हैं जो प्रचारित करते हैं कि उनके साम्राज्य का सूरज कभी डूबता ही नहीं। इसमें मुझे सन्देह है इसलिए कि जो सूरज को अपनी मुट्ठी या जेब में रखे रहने का भ्रम पाले रहते हैं, यदि वही उनकी गगनचुम्बी छत पर भी पहुँच जाए तो कहीं अता-पता नहीं लगेगा। आखिर, उनके राज का सूरज डूबते हुए हमने अपनी ही आँखों से देखा। हाकिंग्स की अवधारणा है कि एक ही समय में कोई भी घटना घटित हो भी सकती है और नहीं भी। इस प्रकार सम्भव है, जिन्हें यह गुमान रहा हो कि उनके साम्राज्य में सूरज कभी डूबता ही नहीं, ठीक उसी वक्त उनका सूरज डूब रहा हो, आभा निस्तेज हो रही हो, तापमान उतर रहा हो और अगला कदम ही पतन के पाले में हो!

जो भी हो, हो हो हो हो हमेशा वही करते हैं जिन्हें वक्त के तकाज़े का पता नहीं होता, देशकाल से कुछ लेना-देना नहीं रहता, न वस्तु की जानकारी से मतलब, न विषय की गम्भीरता से! यहाँ गतोऽस्तमर्कः कोई काव्य-बिम्ब भर नहीं बल्कि मम्मट का काव्यशास्त्रीय उदाहरण है। वाच्यार्थ और व्यंग्यार्थ को और खोलने के लिए, दुनियादारी के कथनोपकथन के निहितार्थ को और समझने के लिए, अपने-अपने पाठ की मंशा को ठीक ढंग से उजागर करने के लिए काव्यप्रकाशकार ने डूबते सूरज के सन्दर्भ में महाभारत से एक और उदाहरण पेश किया है—गृध्रगोमायु संवाद। यह एक हिला देनेवाली त्रासदी है। कुछ परिजन अपने मृत बच्चे को लेकर श्मशान पहुँचते हैं। सूरज के डूबने में कुछ ही देर बाकी है। गिद्ध और सियार दोनों ही बच्चे की लोथ नोचने की ताक में हैं। अतः दोनों ही सूरज के डूबने की व्याख्या अपने-अपने ढंग से करते हैं। परिजनों को कन्विंस करना चाहते हैं। ऐसी सोद्देश्यता और उपदेश केवल साम्प्रदायिक शैतानों में ही देखी जा सकती है। अँधेरा होने पर गिद्ध मांसभक्षण में असमर्थ हो जाएगा। अतएव वह चाहता है कि दिन रहते ही तुरन्त परिजन लाश छोड़कर चले जाते तो हमारा कलेवा हो जाता। उसकी दलील देखिए-

अलं स्थित्वा श्मशानेऽस्मिन् गृध्रगोमायु संकुले
कंकालबहले घोरे सर्वप्राणि भयंकरे।
न चेह जीवितः कश्चित् कालधर्ममुपागतः
प्रियो व यदि वा द्वेष्यः प्राणिनाम् गतिरीदृशी।।

गिद्धों, सियारों और हड्डियों से पटे हुए इस भयानक श्मशान में देर तक रुकना ठीक नहीं। इस संसार में काल के मुँह में गया व्यक्ति, चाहे वह प्रिय हो या दुश्मन, दुबारा जीवित नहीं हो सकता। वही बात कि यह तो संसार का चक्र है। मोह-माया छोड़ो। पचड़े में मत पड़ो। विरक्ति सीखो विरक्ति! दूसरी ओर सियार रात में ही मांसभक्षण कर पाएगा। अतएव वह चाहता है कि परिजन सूर्यास्त तक यहीं डटे रहते तो उसकी गोटी बैठ जाती। वह दूसरी ही कूटनीति अपनाता है। आसक्तिवादी। उसका अपना तर्कशास्त्र विकिसत होता है और श्रोताओं को रिझाने का प्रयास करता है। पहले मत का खंडन करके—

अमुं कनकवर्णाभं बालमप्राप्तयौवनम्
गृध्रवाक्यात्कथं मूढ़ाः त्यजध्वमविशंकिताः।
आदित्योऽयं स्थितो मूढ़ाः स्नेहं कुरु साम्प्रतम्
बहुविघ्नो मुहूर्तोऽयं जीवेदपि कदाचन्।।

अरे मूर्खो! गिद्ध की बातों में फँसकर इस सोने जैसे किशोर को तुरन्त छोड़कर चले जानेवाले तुम लोग कितने निर्मम हो? दिन डूबने तक तो इससे प्रेम रखो। अभी दुर्घट है। हो सकता है कि अच्छा मुहूर्त आने पर बच्चा पुनर्जीवित हो

उठे! जो भी परेशान है, वही मूर्ख है। बुद्धिमान हैं वे जो दूसरों की परेशानी का अनुचित लाभ उठाने की फिराक में रहते हैं। ऐसे स्वार्थी तत्त्वों के तर्क इतने प्रबल होते हैं कि आपको किंकर्त्तव्य बना देते हैं। जाएँ तो जाएँ कहाँ? इसी पचड़े को शायद 'लाशों की राजनीति करना' कहते हैं। जाने क्यों ऐसा लगता है कि हमारे यहाँ का लोकतन्त्र मृत बच्चे के शव के समान है। समता, धर्म निरपेक्षता, स्वतन्त्रता, सम्प्रभुता आदि की तीसरी कसम खानेवाला यह पक्ष या वह पक्ष, गिद्ध अथवा सियार है, जिसकी निगाह में देश की बोटी है। और परिजन हैं हत्बुद्धि सामान्य नागरिक जो सिर्फ मतदान करने के लिए नागरिक हैं। जिन्हें हर हाल में राष्ट्रगान गाना है। अशोक स्तम्भ को सिंह मानकर स्वयमेव मृगेन्द्रता को अनुभव करते जाना है। राष्ट्रीय पक्षी को देखकर पंख फैलाए नाचना है। राष्ट्रीय पुष्प को देखकर खिले-खिले रहना है और भाग्यविधाता की सियरमटकउल सहना है। इस पर किसी को कुछ कहना है? स्वागत है। गाँधीनगर से नौ साल की नफ़ीसा सिसक-सिसककर अपनी अम्मी और अब्बू की कब्र के लिए जगह माँग रही है, मुम्बई से भागलपुर भागने के लिए दीनानाथ पहली गाड़ी का समय जानना जाहते हैं, नन्दीग्राम के ढोंढाई पुलिस की गोली का वस्तुविज्ञान जानना चाहते हैं, कालाहाँड़ी के कृष्णप्रसाद रोटी का स्वाद पूछ रहे हैं, हैदराबाद की सानिया का सवाल है कि किस देश का आदमी कपड़े पहनकर पैदा होता है? ये सभी सवाल वास्तविक हैं, लेकिन सभी नाम काल्पनिक। हर कोई सवाल के साथ अपना वास्तविक नाम छिपाना चाहता है; क्योंकि सवालों से जुड़े सही नामों पर अन्देशे ही अन्देशे हैं। विपदाग्रस्त आदमी अपना असली नाम उजागर करने में भी भयभीत है। भय, भूख और भ्रष्टाचार भगाने का अनुप्रास छलावा है। सिर्फ वर्णच्छटा। अपना नाम बताने की कीमत चुकाना इसके अलावा है। इसी सूर्यास्त के समय सवालों के इतने फोन घनघना रहे हैं और सबमें छद्म नाम पेश करने की गिड़गिड़ाहट है। क्या ये आवाजें और चीत्कार किसी श्मशान से आ रही हैं अथवा आकाशवाणी है? तीन सौ जिन्दा जलाए गये। दो सौ विस्फोट में हताहत। सफेदपोश संलिप्त पाए गये। पुलिस ने कई चक्र गोलियाँ चलाईं। स्थिति तनावपूर्ण किन्तु नियन्त्रण में। बन्द करो यह रेडियो। पुराना संचार है। अब सब कुछ इंटरनेट पर उपलब्ध है। भिखमंगयी हो या लुच्चई। नंगयी हो या दबंगयी। ज्ञान हो या परिधान। अध्यात्म हो या आत्महत्या। जय, जय हो या अमर रहे। कोई निजी चैनल खोलो। जबान सँभाल के बोलो।

बोलने की सबकी अपनी भाषा और तेवर हैं। अपने-अपने कोड और अपने-अपने पाठ हैं। जब सबकी सबसे असहमति है तो पाठ की प्रवीणता से प्रवीणता का पाठ भी खुल जाता है। भाष्यकारों के लिए जैसे मृत वैसे ही अमृत। एक उपसर्ग ही तो अलग से जुड़ा है, प्रत्यय हो न हो। यह तो सच है कि शब्द का कोई पेटेन्ट अर्थ

नहीं हो सकता, किन्तु सन्दर्भ से काटकर किया गया पाठ झूठ ही नहीं फरेब भी होता है। इस ध्वनिदेश में अब चीखना ही बोलना है। इसी कनफोड़ शोर से ऊबकर ही शायद मीर को कहना पड़ा–सिरहाने मीर के आहिस्ता बोलो! लेकिन सुनता कौन है? अनुरोध की भाषा, सिसकी और विलाप की भाषा, साधु और निकोप भाषा के व्यंजन तो व्यंजन स्वर भी डूब चुके हैं। इन्हें सुनने वाले कान ही नहीं रहे। इन्हें अनुभव करने वाले दिल ही ट्रान्सप्लान्ट हो चुके हैं। दुख, दारिद्य, पीड़ा और यातना को देखने वाली आँखों का रेटीना बदल चुका है। कमेन्द्रियों ने ज्ञानेन्द्रियों पर कब्जा कर लिया है। अवैध कब्जों के दिन हैं ये! पहले जिन सियारों और गिद्धों की चर्चा है, वे श्मशान में नहीं तो कहाँ रहेंगे? मृतकों के मांस न खाएँ तो कैसे जिएँगे? वर्तमान वैश्वीकरण के युग में भी कुछ ऐसी जनजातियाँ बताई जाती हैं जो संकट काल में अपने ही मृत अथवा मरणासन्न शिशुओं का मांस उन्हें खिला देती हैं जो बच गये हैं या जीवित रहने वाले हैं, किन्तु मानव विज्ञानी एशली मोंटेगू इसे 'नरभक्षी प्रवृत्ति' नहीं मानते। जीने के लिए तो मरे हुए को खाया भी जा सकता है, लेकिन जो अपनी सभ्यता के साम्राज्य विस्तार के लिए, दूसरों की सभ्यताओं को नेस्तनाबूद करने के लिए बच्चों और औरतों तक को स्वाहा कर देते हैं ऐसे 'सभ्यों' से तो वे 'असभ्य' ही सभ्य हैं जिनमें जीवन को बचा लेने की चाह तो बची हुई है। सावधान! मुँह में खून लगे हुए कुछ 'सभ्यावतार' आ रहे हैं।

सूरज प्राच्यवादी है, लेकिन फिलवक्त यह पश्चिम के फेर में उलझा हुआ सूरज लगता है, कि क्षितिज की कोख में अरुण–भ्रूण का एबॉर्शन हो गया है। धरती कराह रही है। अतः आज का पाठ 'डूबता हुआ सूरज' एक सवाल है। जिन सहपाठियों ने इसका सटीक उत्तर खोज लिया है वे बैठ जाएँ, बाकी लोग खड़े रहें। आखिर, एक अध्यापक और कौन–सा 'पुरस्कार और दंड' दे सकता है? बहुत हुआ तो पाकिस्तानी शायर इस्लाम अज़्मी के दो शेर सुना देगा—

जहाँ पर चूमता है आसमाँ धरती की पेशानी
वहाँ बुझता हुआ सूरज सितारा रोज़ होता है
हमें ये रेत जैसी दलदलें रस्ता नहीं देतीं
चलो, आओ, उधर से तो इशारा रोज़ होता है।

तितली के पीछे मौत

जहाँ हूँ वहाँ से कोस भर साइकिल रपटाऊँ तो अखबार देख पाऊँ। इसलिए हफ्ते में दो बार स्थानीय बाजार का नजारा देखना पड़ता है। साग-सब्जी खरीदने और चाय पीने के बहाने दूकानों में अखबार देखने। एक पन्थ, दो काज। लेकिन दो-तीन दिनों के अन्तराल पर अखबार पढ़ते हुए ज्ञात होता है कि इस काल और अवधि के दरम्यान संसार में बहुत कुछ इधर से उधर हो गया है। सूचनाएँ बासी हो चुकी हैं और अपनी अपटूडेटता फेल। इधर भर्तृहरि के वाक्यपदीयम् में उलझा हूँ उधर जॉक दरीदा देश को झकझोर कर चले गये। कहीं सामूहिक हत्या हुई तो कहीं गैंगरेप तो कहीं बम-विस्फोट तो कहीं महारैली। कोई सत्ताच्युत हो गया तो कोई सत्तासीन। आमीन। आमीन। अखबारों के मुखपृष्ठ दुनिया की महत्वपूर्ण ख़बरों से लदे रहते हैं तो अन्तिम पृष्ठ रंगीनियों से चमत्कृत। आज की ताज़ा खबर तो यह कि प्रथम पृष्ठ हो या अन्तिम, पहले रोमांचक और नयनाभिराम विज्ञापन निरखें फिर खबरों की फिक्र करें। खबरों में भी कम-से-कम शब्द और ज़्यादा-से-ज़्यादा चित्रावली। जैसे आप पढ़ना नहीं सिर्फ देखना जानते हों। यानि कि अख़बार पढ़ना बराबर एलबम देखना। देखते जाइए तो बीच के पेज स्थानीय और साधारण जनों के लिए होते हैं। अति सामान्य में भी जो लोग और घटनाएँ विशिष्ट मानी जाती हैं, वे बॉक्स में छपती हैं। यथा; पुत्र की जगह परीक्षा देता पिता पकड़ा गया। बिना ब्याह के बारात वापस। मनचलों का आतंक। कुमारी बछिया दुधारु आदि। वैसे हास्य के मंचीय कवि स्व. सूँड़ जी अखबारों के ऐसे शीर्षकों की अलग-अलग कतरनें एक में जोड़कर श्रोताओं का भरपूर मनोरंजन किया करते। एक ही दिन अखबारों में छपे दो शीर्षकों की तुकबन्दी वे कुछ यूँ करते—पहली ख़बर-दो किलो गाँजा पकड़ा गया। दूसरी ख़बर—साधु सम्मेलन स्थगित। पहली ख़बर—श्रीमती तारकेश्वरी सिन्हा (भूतपूर्व अत्यन्त सुन्दरी नेत्री) पराजित। दूसरी ख़बर-अन्धों ने वोट दिया, इत्यादि। स्व. सूँड के हास्य से मन-ही-मन लोट-पोट होते भीतर के पन्नों को उलटते हुए एक छोटे से बॉक्स में छपी ख़बर पर नजर पड़ी तो जैसे सारा मूड कसैला हो गया।

ख़बर थी–"तितली के पीछे बच्ची ने जान गँवाई।" आगे पढ़ने पर पता चला कि पाँच साल की कोई बच्ची तितली पकड़ने के लिए पीछे-पीछे दौड़ी। तितली जाकर एक जगह बैठ गयी। बच्ची ने ज्यों ही पकड़ने के लिए हाथ बढ़ाया तो साँप ने काट लिया, क्योंकि तितली किसी बिल पर बैठ गयी थी। हास्य को करुण में बदलते देर नहीं लगती। अप्रिय सूचनाएँ जैसे लगातार पीछा करती हैं और आदमी पल भर में असहाय हो जाता है। उसकी ऊपर की साँस ऊपर और नीचे की साँस नीचे अटक जाती है। फिलहाल, चाय और अखबार-दोनों छोड़कर उठ गया और मन में यही आया कि एक लाठी उठाऊँ और दुनिया भर के साँपों को गिन-गिनकर मार डालूँ जिससे वे भविष्य में इतने अबोध प्राणों की निरपराध बलि न ले सकें। आखिर, क्या बिगाड़ा था उस बालिका ने किसी का? या साँप से ही उसकी कौन-सी दुश्मनी थी? या उसे डँसकर साँप को भोजन, सन्तुष्टि या राज में से क्या मिला? लेकिन क्या साँपों की गिनती सम्भव है और खोज इतनी आसान कि लाठी से उनकी वंशावली नेस्तनाबूद की जा सके? क्या कभी किसी ने जगह-जगह घुसे दुनिया भर के साँपों को मार डालने जैसी प्रतिज्ञा की है और की है तो क्या वह अपने अभियान में पूर्णकाम हो सका है?

अश्वमेध सुना है, गोमेध पढ़ा है, नरमेध तो आए दिन दिखाई दे रहे हैं लेकिन नागमेध? हाँ, हाँ, किसी जनमेजय ने कभी नागमेध भी ठाना था। उसमें मन्त्रविद्ध साँपों की आहुति अपने आप पड़ने लगी। बिलों से, झाड़ियों से, दरारों से, मेड़ों से मोरों की चोंचों से छूटे पन्नग ही पन्नग। सबके सब होम की लपलपाती ज्वाला में कूदकर मर जाने को लाचार। लगा कि अब संसार को सर्पदंश से मुक्ति मिल जाएगी। हर कोई हर जगह चैन से हाथ-पाँव रख सकेगा। निर्भीक होकर गोंइठा—गाँज मे हाथ डाल सकेगा। सरे सावन भरे भादों मेंड़-डाँड़ पर नंगे पाँव भी चल सकेगा। बच्चे चहककर तितलियों के पीछे सरपट दौड़ सकेंगे। साँप के बच्चे तो बच्चे उसकी केंचुल तक स्वाहा हो जाएँगे। असमय मौत की एक बड़ी वजह देखते-देखते दुनिया के रास्ते से हट जाएगी लेकिन जिस ख़ास साँप के कारण इतना सरोष अभियान चला, वह नागराज तक्षक तो बहुत देर तक नहीं आया। वह भी कम बुद्धिजीवी नहीं था। छिपने के लिए उसने देवराज इन्द्र के सिंहासन के पाँवों को लपेट रखा था। ऐसी पनाहगाह कि खुदा खैर करे! स्वाहा-स्वाहा बोलते जब होतागण पसीने से तर-बतर हो-हो गये तो अन्त में चला तक्षक समूचा सिंहासन लपेटे हुए। अब क्या हो? देवराज के प्राणों पर ही आफत मँडराने लगी। जैसे सन्तुलन बिगड़े हुए उड़नखटोले में बैठे हों। देवमार्ग से मेघमार्ग, मेघमार्ग से पक्षिमार्ग, पक्षिमार्ग से भूतल की ओर गिरने लगे और यज्ञकुंड के सामने पहुँचे तो होश फाख़्ता। जबकि सिंहासन जकड़े तक्षक की छाती गज भर—कि दहूँगा बच्चू तो

अकेले नहीं। तब सुलह सपाटे की बात चली। जनमेजय को यज्ञ रोकना पड़ा। इन्द्र भी बचे और तक्षक भी। दोनों ही अपनी प्रजाति के राजा। तीसरे राजा जनमेजय। सुनते हैं समझौता इस शर्त पर हुआ कि जब कोई 'जनमेजय' का जाप करेगा तो उसे कोई साँप नहीं डँसेगा। जो ऐसा नहीं करेंगे वे ही डँसे जाएँगे। इधर जनमेजय के अहं की तुष्टि हुई उधर तक्षक को अभयदान मिला। फिर नहीं हो सका नागवंश का निर्वंश। फिर साँप ही साँप हो गये। और आज ही किसी साँप ने पाँच वर्ष की अबोध बालिका को डँस लिया। हाय मैं क्या करूँ? कितना कातर कोप है! अपने हाथ की लाठी से तो खुद अपने को ही नहीं मारा जा सकता। फिर दुनिया भर के साँपों को लाठी से मारने का रोष कितना हास्यास्पद है?

अपने हास्यापद और जनमेजय के विजयी रोष को आमने सामने देखकर जब देखता हूँ तो पाता हूँ कि उनके आगबबूला होने से पहले क्या किसी साँप ने औरों को नहीं डँसा होगा? तब कहाँ थी उनकी ज़िद, उनका पौरुष, उनका तप और उनकी संवेदना? लेकिन अपने पर पड़ा तो समूची नागजाति के विनाश पर उतारू। उनमें से तो अधिकांश साँप निर्विष ही मारे गये होंगे पर जिसके लिए इतना मारण-उच्चाटन का पूजा-पाठ चला उसका तो बाल भी बाँका नहीं हुआ। वह तो यथावत् रहा क्योंकि जनमेजय की प्रतिशोध भावना नितान्त व्यक्तिगत थी। व्यक्तिगत प्रतिशोधों की परिणतियाँ ऐसी ही होती हैं। जब दो उन्माद आपस में टकराते हैं तो बहुधा बीच के निरपराध ही मारे जाते हैं जबकि अन्त में उन्मादी बच जाते हैं। प्रतिशोध व्यक्ति सापेक्ष होता है जबकि प्रतिरोध समाज सापेक्ष। जिस समाज में प्रतिरोधात्मक क्षमता की जगह प्रतिशोध की भावना जितनी प्रबल होती है उसमें व्यक्तिवाद बिना खाद-पानी के फूलता-फलता है। वहाँ केवल व्यक्तिगत लाभ-हानि का गणित काम करता है, कोई समुच्चय-सिद्धान्त नहीं। वैसे भी आदमी-आदमी के बीच पनपने वाले सम्बन्धों की माया विचित्र है। यहाँ इति सिद्धम् के सिद्धान्त अन्यथा सिद्ध होते देखे जाते हैं। कभी-कभी सगे बिल्कुल पराए और पराए सगों से भी सगे हो जाते हैं। वह सर्पदंश की मारी बच्ची मेरी बेटी, भतीजी या नातिनी में से कुछ भी तो नहीं। उसकी मैं जाति नहीं जानता, गोत्र नहीं जानता, सम्प्रदाय नहीं जानता। जानता हूँ तो सिर्फ पाँच साल की उम्र, खेलने-कूदने-खिलखिलाने-खाने-रोने की बेकसूर उम्र। मैदा की लोई जैसी देहयष्टि। हाजीपुरी केले की बतिया जैसी नन्हीं-नन्हीं अँगुलियाँ। फूले कुमुदों की स्वच्छ हँसी। मूँगफली के कच्चे दानों की दालों जैसे दाँत। नौसादर जैसी रुलाई और खरगोश के बच्चे जैसी निष्पाप आँखें। उस साँप ने एक साथ इतने उपमानों को हमसे छीन लिया और मैं पागलों की तरह एक अभिशप्त लाठी इधर-उधर पटक रहा हूँ-प्रतिरोधी मन से बावला!

होते होंगे कुछ दक्ष लट्ठमार जो साँप भी मार डालते हैं। और उनकी लाठी

भी नहीं टूटती होगी। यहाँ तो ठीक से लाठी पकड़ना भी नहीं आता। बिच्छू का भी मन्त्र नहीं मालूम, साँप तो साँप है। बीन बजाना भी नहीं जानता कि उस साँप को सरगम के सहारे ही फुसलाकर बुलाऊँ और सारा हिसाब-चुकता कर लूँ। उस बच्ची को क्या पता था कि तितली के पीछे बिल में काल बैठा है? पर परीक्षित को तो सब कुछ पता था। पता था कि तक्षक पीछे पड़ गया है। उससे बचने के लिए वह कदम-कदम पर सतर्क। जलडमरूमध्य मचान बनवाया। लेकिन एक डाल-डाल तो दूसरा पात-पात। फूल में बैठा और बींधकर ही छोड़ा। इसके बाद कोई हजार कोपे, लाख रोए, करोड़ों सैन्यबल जुटाए और अरबों नाग-यज्ञ करे-कराए; सब दो कौड़ी का! भला, दो कौड़ी का भी क्यों नहीं रह जाता यह अमूल्य जीवन? कौन घात लगाकर इसका हरदम पीछा करता है? जिस जीवन को सजाने, सँवारने और बचाने के लिए आदमी जमीन-आसमान एक कर देता है, श्वेत-कृष्ण सब कुछ करता है; वही पल भर में इतना अकारथ, इतना बेमतलब और इतना माटी का मोल हो जाता है कि दुनिया भर की सम्पदा और शक्ति से हम उसे वापस आयत्त नहीं कर सकते। फिर भी परिणतवय जीवन को हम खुशी-खुशी इस कायनात से विदा करते हैं। गाजे-बाजे के साथ। एक सार्थक महाप्रस्थान मानकर। जबकि अल्पायु मृत्यु हमारे लिए असह्य हो जाती है। हो जाती है जीवन भर के लिए एक टीस, एक घाव, एक अविस्मरणीय वेदना। ऐसा ही वेदना ने इस वक्त मुझे बेचैन कर दिया है। मैं उस बालहन्ता ब्याल की बिल तक पहुँचना चाहता हूँ मौत का कारण खोजने और उसे दुनिया के रास्ते से हटा देने के आवेश से आवेशित होकर। लेकिन वह अबोध बालिका उस बिल तक क्यों गयी? रंगीन पंखों की अल्पना वाली तितली के लिए! तितली न तो टॉफी थी, न नमकीन, न दूध-मिठाई और न ही कोई फ्रॉक। तब क्या थी वह उड़ती हुई तितली? क्या लगती थी उस बच्ची की?

लगता है हमारी बाल-इच्छाएँ सुख की रंगीन पंखों वाली तितलियों के पीछे बगटुट दौड़ती हैं और ज्यों ही हम उन्हें मुट्ठी में कर लेने को आतुर होते हैं उसके पहले ही सुख के पीछे बैठे किसी कराल ब्याल द्वारा डँस लिए जाते हैं। वहाँ बचते हैं तो सिर्फ पछतावे, निर्वीर्य क्रोध या मुट्ठी भर राख। लेकिन वह बच्ची, रंगीन तितली और बिल में ढुका साँप! कितनी उद्वेलित कर देनेवाली त्रयी है? कुछ समझ में नहीं आता। आता है तो बार-बार यही विचार कि साँप ने तितली को ही क्यों नहीं डँस लिया। सुख की ही मौत हो जाती। उसे चाहनेवाली बच्ची तो बची रहती। लेकिन क्या कभी सुख की मौत होती है? याकि सुख की कोई देह होती है? तितली के पास तो देह के नाम पर सिर्फ रंगीन पंख हैं। बाकी जो है वह इतना मामूली कि साँप क्या चींटी तक को काटने में दिक्कत हो। रंगीन लुभावने पंख ही तितली-सुख के वशीकरण हैं। यदि वे ही उतर जाएँ तो सुख के पास दिखाने को

बचेगा ही क्या, क्यों दौड़ेंगे लोग उसके पीछे पागल होकर? तो क्या संसार भर में केवल और केवल एक ही तितली है जो रंग-बिरंगे फ्रॉक बदल-बदल कर निरन्तर उड़ती रहती है? क्या तितली के फ्रॉक कभी मैले हुए हैं, क्या सुखेच्छु के साथ ही सुख की भी मौत हो जाती है? नेवर। एवरथिंकिंग तो यही है कि तितली की उड़ान और हमारी दौड़ान का सम्बन्ध सनातन है। उसके लुभावने पंख हमें बार-बार संकट की ओर ठेलकर ले जाते हैं लेकिन हम जानते हुए भी कहाँ मानते हैं? भला होता है कहीं सोने का हिरन? वह भी चौकड़ी मारता हुआ! किन्तु हाय रे, सुखेच्छु लोभी मन!

असम्भवे हेममृगस्य जन्तोर्तथापि रामो लुलुभे मृगाय।

जो विकट ढंग से आत्मनिग्रही हैं वे किचकिचाकर, लाल आँखें दिखाकर या निष्प्राणता जैसी उदासीनता बरतकर, अपने मन को नाथा-पगहा लगाकर, रोके रख सकते हैं। वे न कहीं ललचाते हैं, न कोई खतरा मोल लेते हैं। लेकिन जिनके मन इतने सधे हुए नहीं होते बल्कि इसके विपरीत लपकू और फिसलू होते हैं या दूसरों का मन रखने के लिए आपदाओं में कूद पड़ने से भी नहीं हिचकिचाते, उन्हें जीवन में बार-बार दुख झेलना पड़ता है। वह दुख चाहे किसी बिल में छिपकर बैठा हो या प्रत्यक्ष सामने दौड़ता हुआ किसी सुख के विन्यास में ही क्यों न हो। वह बच्ची तो इतनी बच्ची थी कि कोई भी चेतावनी उसे वर्जित नहीं कर सकती थी। कोई उपदेश उसे सुधार नहीं सकता था। कोई दूसरा प्रलोभन उसे डिगा नहीं सकता था। वह तो संसार की हर वस्तु को खिलौना ही समझती थी। उसे क्या पता था कि वह सुख के पीछे नहीं बल्कि मौत के मुँह में जा रही है। उसे क्या पता था कि उसके खिलौने से ढका हुआ काल बिल में बैठा है। वह भी दूसरों की मेहनत से बनी-बनाई बिल का मकान-मालिक बन बैठा है? या उसे कहाँ पता था कि 'जनमेजय' का जाप करने से सर्प-भय दूर हो जाता है? क्या तितली के पीछे-पीछे दौड़ने की उम्र किसी का जाप करने के लिए बनी होती है या किसी का जाप करने मात्र से क्या सारे भय दूर हो जाते हैं? हो जाते होंगे या नहीं हो जाते होंगे लेकिन यह तो नजीर की तरह हमारे सामने है कि एक दुधमुँही बच्ची को विषैले साँप ने डँस लिया और उसकी जीवन-लीला समाप्त हो गयी। समाप्त हो गयी एक धड़कते जीवन की अनन्त सम्भावना। ऐसी सम्भावनाएँ निरन्तर समाप्त होती जा रही हैं। कभी अशिक्षा के चलते। कभी इंसेफेलाइटिस जैसे बालहन्ता रोग के चलते (जो लगभग पूर्वांचल का शोक बन चुका है) तो कभी बाल-सुलभ प्रलोभन के चलते। कभी किसी दुर्योग के चलते तो कभी मनुष्य के कामरूपी राक्षसत्व के चलते। बच्चों बल्कि बच्चियों पर ऐसे वज्रपात कुछ ज़्यादा ही हो रहे हैं। इन दिनों तो यही हालचाल हैं।

हम केवल कुत्तों द्वारा काटे जाते हों, भेड़ियों द्वारा चीरे जाते हों, बिच्छुओं द्वारा

डंकित होते हों, रोगों द्वारा असाध्य किए जाते हों या साँपों द्वारा ही डँसे जाते हों, ऐसा बिल्कुल नहीं है। बल्कि ये सारे व्यवहार हमारे साथ अपनी ही मनुष्य जाति भी करती आ रही है और अब यह निरूपचार की हद तक पहुँच रही है। इसीलिए नागों की मनुष्ययोनि और मनुष्यों की नागयोनि वाली फैंटेसी से मुझे सिहरन होने लगती है। हिन्दी फिल्मों में ये रूपक अक्सर प्रेम-कहानियाँ बनाकर दिखाए जाते हैं तो मेरी सिहरन दुगुनी हो जाती है। सरसराते हुए साँपों का मनुष्य में रूपान्तरण या चलते-दौड़ते मनुष्यों का सरसराते हुए साँपों में तब्दील हो जाना मनुष्य की ऋजुता का सबसे डरावना प्रहसन है। लगता है हम किसी स्फटिक जैसे साफ-शफ़्फ़ाक दिखने वाले नागलोक में प्रविष्ट कर रहे हैं जहाँ कोई साँप आदमी बन जा रहा है कोई आदमी साँप। यहाँ कोई किसी को डँस सकता है। कभी प्रेम के रूपक में तो कभी बाल-प्रलोभन में तो कभी रंगीन पंखों में छिपे जहरीले उल्लास में। इसीलिए आजकल बाजार कम जाना होता है बल्कि यों कहें कि जहाँ हम पहले बाजार जाते थे वहीं आज बाजार ही हमारे बीच चला आया है। जहाँ दो-तीन दिनों पर अखबार पढ़कर खिन्न और उदास होना पड़ता था वहीं अब अखबार ही रोजाना घर आ जाता है-अप्रिय खबरों और हादसों की फेहरिस्त लेकर! लेकिन साइकिल अब भी रपटाने की मजबूरी है क्योंकि यही अपनी एकमात्र सवारी है।

गेंद पर्‌यो कालिय दह जाई

अध्यापक हूँ, फिर भी छात्र बने रहना चाहता हूँ। इसलिए कि पढ़े बिना पढ़ाया नहीं जा सकता। सकता तो बड़े-बड़े वक्ता मौनी बन जाते। इस छात्रता की कीमत इस रूप में चुकानी पड़ती है कि कभी-कभी अपनी ही परीक्षा लेनी पड़ती है। इस स्वकेन्द्र व्यवस्था में अपने ही अध्यापक को कक्ष निरीक्षक तैनात करके परीक्षार्थी से कहता हूँ कि निर्धारित समय में एक निबन्ध लिखकर दिखाओ। और अपने ही परीक्षक से अपेक्षा करता हूँ कि जाँचो। किसी अनुचित साधन का प्रयोग तो नहीं किया है; किसी दिग्दर्शिका से तो कुछ नहीं झटक मारा है, कक्ष निरीक्षक की किसी नरमी का लाभ तो नहीं उठाया है और कभी-कभी तो परीक्षक को लेकर ही सन्देह का कीड़ा रेंगने लगता है कि कहीं वही किसी लोभ, मोह या ईर्ष्या-द्वेष के चक्कर में तो नहीं पड़ गया है। कभी कृपांक से उत्तीर्ण होता हूँ तो कभी गाँधी श्रेणी से। कभी विशेष योग्यता का पात्र बन जाता हूँ तो कभी औसत अंक का। कभी-कभी दोहरा लड्डू मिल जाता है तो कभी अनुत्तीर्ण होने की नौबत आ जाती है। ऐसे रिजल्ट का सामना करना दुखद तो होता ही है लेकिन सोचता हूँ कि कोई बात नहीं। जीवन में सफलता-असफलता तो आती-जाती ही रहती है। कभी चित तो कभी पट। पर व्यक्ति को खुद जब-तब अपनी ही कसौटी पर कसते रहना चाहिए। वह भी बिना किसी विशेष छूट के। रागद्वेषरहित होकर। इससे अपना खरा-खोटा भी सामने आ जाता है और अगली तैयारी के लिए छात्र सावधान हो जाता है।

पर अपने को अपने से अलग कर पाना भी कम मुश्किल नहीं होता। या तो कोई कोर दब जाती है या अपने ही विरुद्ध कोई सींग उग जाती है। अत: पारदर्शिता सन्देह के घेरे में आ जाती है। ऐसी दशा में आवश्यक हो जाता है कि हम छात्र बनें तो परीक्षक का दायित्व किसी अपने से सयाने को सौंप दें। वह दूध का दूध और पानी का पानी कर देगा। कोई परीक्षक किसी परीक्षार्थी से जितना ही स्नेह करता है, उसका मूल्यांकन करते समय वह उतना ही रागद्वेषरहित होता है। तभी अध्ययन तेजस्वी होकर निखरता है। प्राचीन काल में गुरु और शिष्य की दिनचर्या का आरम्भ

इसी प्रार्थना से होता था–तेजस्वि नावधीतमस्तु। मा विद्विषावहै। अर्थात् हम गुरू और शिष्य का अध्ययन तेजस्वी हो। हम दोनों एक दूसरे से विद्वेष न करें। इस भरोसे से परीक्षार्थी की भूमिका में रहने वाले प्रत्येक व्यक्ति को अपनी जाँच की कमान किसी दूसरे परीक्षक के हाथों में थमा देनी चाहिए। चाहे वह वास्तव में ही छात्र हो या शिक्षक या कुलपति। किसी कक्षा में पढ़ने वाले छात्र का परीक्षार्थी बनना एक स्वाभाविक प्रक्रिया है। पर किसी अछात्र का परीक्षार्थी बनना किसी प्राणायाम से कम नहीं। अत: जब भी मैं अपने अध्यापक को छात्र बनाने की चेष्टा करता हूँ तो मेरे सामने कई–कई अवरोध आ खड़े होते हैं। क्योंकि अध्यापक के साँचे में ढले व्यक्ति को सबसे पहले अपनी गुरुता उतारनी पड़ती है। फिर एक सधे हुए जीवन को कुछ–कुछ अव्यवस्थित करना पड़ता है। धुकधुकी बढ़ानी पड़ती है। आधे सन्देह और आधे आत्मविश्वास से लिखना पड़ता है और एक पकी हुई दृष्टि को कुछ–कुछ कच्ची बनाकर पूरा चोला ही बदलना पड़ता है। तब हर कोई आसानी से समझ सकता है कि किसी पके हुए घड़े को मिट्टी के कच्चे लोंदे में रूपान्तरित करना किसी भी तकनीक से कठिन ही नहीं बल्कि असम्भव है। फिर पढ़ाने का चस्का लगे किसी अध्यापक को पढ़ने वाला छात्र बनने में मशक्कत ही मशक्कत होती है। किन्तु जब यह मशक्कत सपर जाती है तो कोई निबन्ध लिखने बैठ जाता हूँ। क्योंकि छात्रता के दौरान विभिन्न परीक्षाओं में गाय से लेकर जनसंख्या, पर्यावरण, पुस्तकालय, विज्ञान, हमारा प्रिय खेल और होली–दीवाली, ईद से लेकर दहेज–दानव, बेरोजगारी और भ्रष्टाचार तक निबन्ध-लेखन का थोड़ा–बहुत अनुभव और अभ्यास है। अनुभवों की इसी पूँजी और सटर–पटर अभ्यास की बदौलत कुछ लिखकर पहले तो अपनी ही कसौटी पर सही गलत करके सुधारता हूँ और मन पक्का हो जाने पर अन्य परीक्षकों के आगे सकुचाते और डरते हुए परोस देता हूँ। इस विश्वास से कि लेखक के लिए पाठक से अधिक विश्वसनीय कोई दूसरा परीक्षक नहीं हो सकता।

सकसकाते हुए सोचता हूँ कि पता नहीं परिणाम कैसा होगा? और यह सोचते ही किसी परीक्षार्थी की मनोदशा में आ जाता हूँ। तब लगता है कि लिखित में तो हर छात्र लेखक ही होता है और मौखिक में गम्भीर चिन्तक। इस तरह अध्यापक से छात्र होने में अड़चनें तो बहुत हैं लेकिन दोनों के बीच एक अटूट सम्बन्ध भी है। अध्यापक का छात्र बनना किसी छ: फुटे का वामन बनना कतई नहीं है। लिखते हुए सोचता हूँ कि बड़ों के बारे में तो लोग प्राय: लिखते ही रहते हैं। मैंने भी थोड़ा–बहुत लिखा ही है। अध्यापक तो छात्रों से लिखवाते ही रहते हैं। अत: कुछ नन्हे–मुन्ने शिशुओं के बारे में लिखना चाहिए। आखिर, जीवनारम्भ और अक्षरारम्भ तो वहीं से होता है। लेकिन सोचकर दाँत कोट हो जाते हैं कि जब अध्यापक से छात्र बनने में इतने पापड़ बेलने हैं तो बच्चा बनना तो घी से दूध और फल से टिकोरा बनने से भी

कठिन है। यह किसी अभिनय से भी सम्भव नहीं है। बच्चे तो बड़ों का अभिनय बड़ी ही कुशलता से करके पत्थर दिल को भी हँसने-मुस्कराने के लिए बाध्य कर देते हैं किन्तु किसी बड़े के लिए बच्चों का अभिनय करना टेढ़ी-खीर ही है। दाढ़ी-मूँछ मुड़ा लेने से या फ्रॉक पहन लेने से या हाथों में खिलौने और गुब्बारे ले लेने से, बनावटी तोतली बोली की नकल करने से अथवा समूची देह की सर्जरी करा लेने से भी कोई बड़ा-बूढ़ा बच्चा नहीं बन सकता। तथापि बच्चों के बारे में लिखने के लिए तन को न सही मन को तो बच्चा बनाना अनिवार्य है। इस बाल मनोदशा में आ जाने पर मन में यही आता है कि 'हमारा प्रिय खेल' पर ही कोई निबन्ध लिखूँ। कलम-कॉपी लेकर कुछ लिखना शुरू करता हूँ तो खेल में ही मन रमने लगता है और इच्छा होती है कि यह होमवर्क किनारे करके गेंद उठाकर किसी हमजोली को दे मारूँ। और याद आ जाते हैं सूरदास-

स्याम सखा को गेंद चलाई
श्रीदामा मुरि अंग बचायो गेंद पर्‍यो कालिय दह जाई।

अरे बाप रे! अब क्या हो? सखी-सखा रहते हैं तो खेल-कूद चलता ही रहता है। थोड़ी-बहुत दुष्टता और अनबन तो चलती ही रहती है। कभी कन्धों पर हाथ तो कभी पैरों में लँगड़ी। कभी सटी-सटा तो कभी हटी-हटा होता ही रहता है। भला कौन-सा बच्चा ध्रुव-प्रह्लाद जैसा साधू बना रह सकता है? लेकिन कहाँ पता था कि राई भर चंचलता पहाड़ जैसी विपत्ति बनकर सामने खड़ी हो जाएगी? जरा-सी नटखटता में मित्र को गेंद फेंककर मार दिया। वह भी तो इसी अखाड़े का खिलाड़ी है। तनिक-सा मुड़ गया तो गेंद निषिद्ध क्षेत्र में चली गयी। वह भी काली दह में। वह भी कोई क्षीरसागर तो है नहीं कि गेंद निकालने के बहाने तैरने का भी आनन्द लो और मजे से घुटुर-घुटुर दूध भी पियो। लोग कहते हैं कि बालिका पार्वती भी मन्दाकिनी के बालुका-तट पर विभोर कन्दुक क्रीड़ा करती थीं। लेकिन उनकी गेंद यदि पवित्र मानी जानेवाली गंगा में भी चली जाती तो भी कोई खतरा न था। किन्तु अब तो लोगों ने गंगा के जल को भी प्रदूषित करके जहरीला बना दिया है। यहाँ भी गेंद जिस सरोवर में चली गयी है उसका भी पानी पहले स्वच्छ था। पर अब तो उसमें कालिया नाग रहता है जिससे अच्छा-खासा सरोवर विषकुंड में तब्दील हो चुका है। और अब एक छोटी-सी शैतानी से गेंद काली-दह में चली गयी। अक्की-बक्की गुम है। ऐसा विकट संकट तो कभी न आया था। तालाब कुछ छोटा होता तो ढेला मार-मार कर किसी तरह गेंद किनारे लगाई जाती। इसमें ढेला भी फेंको तो कालिया नाग फुफकारने लगता है। नन्हें-नन्हें हाथों का प्रक्षेपण, ऊपर से नाग का रोमांचक भय। कान पकड़कर उठना-बैठना होगा कि पढ़ाई-लिखाई बीच में छोड़कर शैतानी नहीं करनी है। पढ़ने के समय पढ़ना है और खेलने के समय

खेलना। अभिभावकों की डाँट ऊपर से कि कौन रोज-रोज गेंद खरीदेगा? पर चूक किससे नहीं होती? खिलौना और खेल ही खो गया तो बचपन का क्या होगा? काले-काले विषैले पानी के ऊपर तैरती रंगीन गेंद अपने ही सामने काल के मुँह में चले गये अपने खिलौने को टुकुर-टुकुर देखते असहाय बच्चे।

बचाओ! बचाओ! सुनकर लगता है कि कोई संकट में है और किसी संकटमोचन को पुकार रहा है। इस त्राहिमाम् में छिपी करुणा को जो नहीं सुन सकते या अनसुना कर देते हैं, वे मानवता के अक्षम्य अपराधी हैं। यह जरूरी नहीं कि त्राता कोई धनुषधारी या गदाधर ही हो, लाइसेंसी या गैर-लाइसेंसी हो, भारतभीम या विश्व चैम्पियन हो। यहाँ तो खिलौना और खेल ही संकट में है। गेंद काली दह में चली गयी है। प्राकृतिक प्रदूषण के खतरे का खतरा पैदा हो गया है। ऐसे खतरों से निबटने के लिए आदमी सोचता भी रहता है और प्रयास भी करता रहता है। देर-सबेर कोई न कोई समाधान निकलेगा ही। ऐसे संकट तो मानव-जीवन के इतिहास में आत-जाते ही रहते हैं। लेकिन यदि बचपन ही संकट में पड़ जाए तो? नवजीवन की ही धरपकड़ होने लगे तो कहाँ का खेल और कैसा खिलौना? लगता है कि हर क्रीड़ागन के पास, हर स्कूल के पीछे, हर पार्क के कोने, हर सड़क के किनारे कुछ नकाबपोश छिपे हैं जो पलक झपकते ही किसी बच्चे को दबोचकर चम्पत हो जाएँगे। हलो! हलो! होता रहेगा। जयहिन्द। जयहिन्द चलता रहेगा। चाक चौबन्द व्यवस्था के आँकड़े पस्तुत होते रहेंगे। अपराधों में कमी के दावे छपते रहेंगे। भूख, भय और भ्रष्टाचार मिटाने के अनुप्रास सुनाई देते रहेंगे और तब तक पंख नोंचे नये मुर्गे की तरह किसी शिशु का शव बरादमद होगा। भला जहाँ बच्चों का अपहरण भी एक फलते-फूलते उद्योग के रूप में विकसित हो रहा हो, जहाँ नोटों की गड्डी की बिसात पर खिलौनों को तोड़-मरोड़ डालने में कोई हिचक न हो, जहाँ संगीनों की नोक पर तोतली बोली को बन्द और किलकारी पर वज्रपात करने को वीरता माना जा रहा हो, उस समाज की क्रूरता और कायरता का अन्दाजा आसानी से लगाया जा सकता है। शासन चाहे यदुवंशियों का हो या रघुवंशियों का, एकलव्यों का हो या भीमों का, धर्मधुरन्धरों का हो या धर्मनिरपेक्षों का, रानियों का हो या राजाओं का, अन्तरिम सरकार हो या राष्ट्रपति शासन। समय चाहे द्वापर का हो या त्रेता का, पाषाणकालीन हो या परमाणुकालीन, कुषाणकालीन हो या मध्यकालीन। कहते हैं कि बच्चे ईश्वर के प्रतिरूप होते हैं क्योंकि उनमें किसी तरह का राग-द्वेष, पक्षपात या कुटिलता नहीं होती। अबोध-बच्चे किसी विषधर को खिलौना समझ सकते हैं और आग से भी खेल सकते हैं। ऐसे अकिंचन बच्चों के हाथों में यदि खिलौनों के रूप में राइफल, मिसाइल, बन्दूक और मोबाइल के रूप में शंख, चक्र, गदा थमाया जा रहा है तो सहज सुन्दर ईश्वर को चतुर्भुज, पंचमुख बनाकर विकृत करने के प्रयास

हो रहे हैं। ऐसे में संवेदनहीनता ही हमारा स्थायी भाव बनता जा रहा है और क्रूरता ही हमारी पूँजी होती जा रही है। जनसंख्या विस्फोट से लेकर सूचना विस्फोट तक के इस समय में यदि नौनिहालों की गेंदों में बम विस्फोट की आशंका होने लगे तो आश्चर्य क्या? अब हमें यह मान लेना होगा कि यदि बच्चों के साथ दुराचार, उनका अपहरण और हत्याएँ तक होने लगी हैं तो ईश्वर के भी अपहरण और हत्या का अभियान प्रारम्भ हो चुका है। अत: आस्तिकों का ईश्वर भी उतना ही सन्दिग्ध है जितना कि नास्तिकों का। दरअसल, बचपन सम्पूर्ण निरस्त्रीकरण की माँग करता है क्योंकि बच्चों के लिए जीवन संग्राम नहीं बल्कि क्रीड़ास्थल ही है।

खिलौनों से खेलते, पढ़ते जाते, तू-तू, मैं-मैं करते, माखन रोटी खाते, धात्री के हाथों पलते जिन बाल गोपालों की चर्चा हो रही है वे खाते-पीते घरों के हैं। वे अमरूद की इच्छा करते हैं तो उन्हें सेब मिलता है, टॉफी चाहते हैं तो मैगी पाते हैं, गेंद के लिए हुनकते हैं तो हाथों में बल्ला होता है, साइकिल की जिद करके कारों में उड़ते हैं तो दूसरी ओर ऐसे लाल भी है जिन्हें रोटियों के भी लाले पड़े हैं, जिनकी अपनी देह ही अपना खिलौना है, धरती ही जिनके लिए पुस्तक-पुस्तिका है, जिन्हें अंगूर की जगह महुआ और दूध की जगह पिसान घोलकर मिलता है। ये यतीम प्यार के दो बोल, प्रोत्साहन के दो शब्द और गुनगुने हाथों की थपथपाहट के लिए कातर नेत्रों से आपकी ओर देख रहे हैं, आलम्बन के लिए हाथ बढ़ाए हैं और चुम्बन के लिए आपकी ओर गाल किए बैठे हैं। देखिए इन दुधमुँहों को। इनकी हँसी एक जैसी और आँसू एक जैसे। इनका तन एक जैसा और मन एक जैसा। सपने एक जैसे, अपने एक जैसे, बचपन और बचपन में कोई विलोम नहीं बल्कि एक अनुलोम सम्बन्ध है। कम से कम प्रकृति तो शिशु और शिशु में कोई भेद नहीं करती। हमें यह सदैव याद रखना चाहिए कि कोई भी अपने साथ धन-दौलत, हाथी-घोड़ा, कपड़ा-लत्ता अथवा कीर्ति-पताका लेकर इस दुनिया में नहीं आता जबकि हर शिशु अपने साथ अपने हिस्से का दूध लेकर जरूर पैदा होता है। और कौन ऐसा सज्ञान है जो कभी बच्चा न रहा हो, न रही हो और न रहे हों? फिर भी बच्चे किसी वचन, लिंग, जाति, धर्म-सम्प्रदाय या वर्ग में नहीं बाँटे जा सकते। सच्चे अर्थों में बच्चों का समाज ही वर्गविहीन समाज है अथवा हो सकता है। अत: यदि बच्चों को एक जैसा आधार प्रदान किया जा सके तो संसार की बदली हुई अधिरचना का लक्ष्य बहुत दूर नहीं होगा।

इन कोमलमना नौनिहालों को यहाँ प्यार और पुचकार की घुट्टी मिलनी चाहिए, जिनके हाथों में खिलौने, लेखनी, पुस्तक और पुस्तिका होनी चाहिए उनकी कनपटी पर यदि तमंचे रखे जा रहे हों और मुँह में कपड़े और कोयले की कालिख हो; यदि उनके हाथों में कटोरे, रिक्शे की मूठ या जूठी प्लेटें हो, यदि उनके सिरों पर

ईंटों की खेप और पैरों में बेड़ियाँ हों तो समझ लेना चाहिए कि भविष्य हाशिए पर ही नहीं बल्कि खतरे में भी है। इस आयु में एक हल्की-सी डाँट, एक चैथाई तमाचा, एक ही छोटा-सा प्रश्न, एक नन्हीं-सी समस्या और थोड़ी-सी उपेक्षा, एक टेढ़ी नजर ही प्रभावित करने के लिए बहुत होती है। इतने पर भी यदि हम नवमालिका की लताओं को खौलते पानी से सींचते रहेंगे या चीलर से ढेला ढुलाते रहेंगे, चूजे, शावक, बतिया या बचपन को लोहित नेत्रों से देखते रहेंगे तो संसार का हरा-भरा उपवन भस्म हो सकता है, और यदि अनदेखा किया गया तो उपवन खड़े-खड़े सूख सकता है। बचपन की आह का अभिशाप क्रुद्ध ऋषियों के अभिशाप से कहीं अनिष्टकर है। वास्तव में बच्चे ही मानव-जगत के प्रथम मंगलाचरण हैं। उनकी बोली तोतली हो सकती है, पदनिक्षेप लड़खड़ा सकता है, आरोह-अवरोह खरा नहीं उतर सकता है लेकिन उनके सामगान में कोई दुर्भावना नहीं। ऐसे में जिन्दगी की दो बूँद का अभियान सराहनीय है, सर्वशिक्षा अभियान का नारा भी स्वागत योग्य है, मिड डे मील की योजना चालू है, बाल विकास परियोजना का पृथक विभाग खुल ही गया है, बाल दिवस का आयोजन होता ही रहता है फिर भी हमारी आँखों के ही सामने वात्सल्य की गेंद काली-दह की ओर जा रही है। उसे पकड़ो! पकड़ो! रोको! आज हमारा बचपन है और कल भविष्य। यदि हमें दोनों को मिलाकर आजकल बनाना है तो इसका भरत वाक्य होगा-बचपन बचाओ।

बच्चे बड़ों के खिलौने ही होते हैं। आज तो हमारे खिलौनों का खिलौना ही विषकुंड में गया है। यदि हम सावधान न हुए तो कल हमारे ही खिलौने किसी भयानक आपदा में गिर या घिर सकते हैं। तब हमें इतना उदास होना पड़ेगा कि हम मुँह छिपाकर भी न रो सकेंगे। बचपन अवाक् और असहाय निहार रहा है। लेकिन दुर्दिन कटेगा। गेंद बरामद होगी। खेल फिर शुरू होगा। क्योंकि नयी पीढ़ी आ रही है। वह जाति, धर्म, सम्प्रदाय, वर्ग और पैसे के कुटिल खेल को समझ रही है। उसकी अपनी चेतना और क्षमता विकसित हो रही है। काली नाग नाथा जाएगा और काली दह का प्रदूषित जल परिष्कृत कर लिया जाएगा। फिर उसमें कमल ही कमल दिखाई देंगे। रंग-रंग के कमल। और यह किसी चमत्कारी ईश्वर की लीला से नहीं होगा। बचपन की सही देख-रेख और उसी के सत्प्रयास से होगा। यदि कोई ईश्वर होगा तो वह कमलरूपी हाथ से कमलरूपी पैर को पकड़कर कमलवत् मुख में डालने का प्रयास करता हुआ और वटपत्र पर खेलता हुआ कोई शिशु ही हो सकता है। चाहें तो आप भी इस बालरूप का स्मरण कर सकते हैं—

करारविन्देन पदारविन्दं
मुखारविन्दे विनिवेशयन्तम्

वटस्य पत्रस्य पुटे शयानं
बालं मुकुन्दं मनसा स्मरामि।।

अध्यापक हूँ इसलिए जानता हूँ कि शिशु चंचल होता है। वह पढ़ते-पढ़ते खेलने लगता है और खेलते-खेलते पढ़ने। पर एक छात्र को एकाग्र होना सीखना चाहिए। अर्थात् पढ़ने के समय पढ़ना और खेलने के समय खेलना। इस प्रयोजन के लिए अध्यापक को पहली सर्विस देने के लिए तैयार रहना चाहिए।

टूटे–फूटे शब्दों में

जहाँ 'अतिथि देवो भव' की मान्यता हो वहाँ कभी मुख्य अतिथि के पद पर विराजमान होने का मौका हाथ लग जाए तो आप अपने आपको इन्द्रस्त्वम वरुणस्त्वम, कुबेरस्त्वम् कुछ भी समझ सकते हैं। इस परमपद को सुशोभित कर आप स्वर्गीय आनन्द का अनुभव कर सकते हैं। ऐसे नारकीय विचार मेरे लोलुप मन में कदापि न आते यदि उस दिन आदर्श विद्या मन्दिर के वार्षिकोत्सव में कुछ मित्र मुझे धरपकड़ न ले जाते। गया और उस पद पर आसीन करा दिया गया तो लगा कि यह कई जन्मों के सुकृत का फल है और इस जन्म में जिसे ऐसा बहुमान मिले उसे अपने क्षेत्र में योग्य, विशेषज्ञ और समाज का सम्बल अर्थात् उदाहरण होना चाहिए। कोई यूँ ही न तो उदाहरण बनता है और न यूँ ही उद्धृत किया जाता है। जन्मना कोई न तो किसी पद का अधिकारी होता है और क्षमता किसी की बपौती नहीं होती। उसे अर्जित करना होता है एवं अर्जन की सम्भावना प्रत्येक बच्चे, छात्र या मनुष्य में होती है। बस उसे हीनभावना से बचना और बचाना चाहिए। किसी आदर्श के नाम पर विचारों को थोपने या लादने से दूर रखना चाहिए तथा उनकी जिज्ञासाओं का समाधान उनकी प्रकृति एवं मनोविज्ञान को बूझकर करना चाहिए। सच कहता हूँ मुझमें वैसी योग्यता बिल्कुल नहीं जैसी किसी कार्यक्रम के मुख्य अतिथि में होनी चाहिए। इसका अनुभव मुझे और गहराई से हो रहा है जब आज संयोगवश मुझे इस पद पर आरूढ़ करा दिया गया है। ऐसे पदाधिकारी के प्रति लोगों के मन में स्वाभाविक रूप से एक प्रकार का आदर भाव उत्पन्न हो जाता है और लोग उसकी बातों को गम्भीरतापूर्वक पूरे चाव के साथ सुनना चाहते हैं। उसके शब्दों और कथनों में लोग आशय और आश्रय दोनों खोजते हैं। अतः ऐसे पदों पर बैठे व्यक्ति का दायित्व इस अर्थ में बढ़ जाता है कि वह दूसरों के शब्दों को बहुत ध्यान से सुने और अपनी बातों को बहुत ही सचेत ढंग से प्रस्तुत करे। संयोगवश ही सही यदि कोई ऐसे सम्मानीय पद पर आसीन हो गया हो तो उसकी जवाबदेही बहुगुणी हो जाती है क्योंकि व्यक्ति इतना बड़ा नहीं होता जितना कि कोई पद।

पद और पुरस्कृत होने की नैसर्गिक इच्छा हर मनुष्य में हुआ करती है लेकिन कुछ लोगों को इसकी लत लग जाती है। ऐसे लतखोर लोगों को लगता है कि वे इसी के लिए ही बने हैं और इस पद को अलंकृत करना ही उनकी समाज सेवा है। जिस दिन उन्हें यह सुख और अवसर बदा नहीं होता उसे अशुभ मानते हैं और अगले दिन वह पद प्राप्त करने के लिए तन, मन और धन से लग जाते हैं। ऐसे महानुभाव दूसरों के शब्दों को तो इस कान से सुनकर उस कान से निकाल ही देते हैं और अपने शब्दों पर भी उन्हें नियन्त्रण नहीं रह जाता। उन्हें लगता है कि इस सभा के बाद शब्दों का अकाल पड़ जाएगा और फिर श्रोता भी बचेंगे या नहीं? (चुनावी सभाएँ इसका अपवाद होती हैं।) वस्तुत: ऐसी लत के लोग शब्दों की सत्ता से खिलवाड़ करने के अपराधी होते हैं और जनाकांक्षा की निगाह से गिर जाते हैं। उन्हें तो कोई नहीं उठा सकता। अगर खुद खुदा न उठा ले। कुछ लोग पदों और पुरस्कारों का किराना भी चलाते हैं और इनके भुक्खड़ों पर डोरे डालने के लिए ही नित्य नये-नये पद सृजित करते रहते हैं। ऐसे सृजनशीलों से भी एक जागरूक नागरिक को हमेशा सावधान रहना चाहिए। जबसे 'सावधान! खबरदार!! खतरा!!!' के बोर्ड हटा दिये गये और 'अमुक महाशय जिन्दाबाद!' के बैनरों से सड़कें यातायात से खुश होने लगीं तबसे शब्दों की उपेक्षा का फैशन भी एक नये प्रचलन की तरह चल पड़ा है। हर चुनाव में हमारे भाग्य विधाता लोग पद और गोपनीयता की शपथ लेते हैं, संविधान और लोकतन्त्र की रक्षा तथा जाति, धर्म, लिंग और वर्ग से ऊपर उठकर देश के नवनिर्माण का गंगाजल उठाते है और गंगा के प्रदूषण को दूर करने वाली योजनाओं का पोटैशियम परमैगनेट तक डकार लेते हैं। पदों के ऐसे दुरुपयोग एवं गोपनीयता के ऐसे भंडाफोड़ों से भी एक सचेत नागरिक को खबरदार रहना चाहिए। यह तभी सम्भव है जब हर साक्षर व्यक्ति मौलिक ढंग से चिन्तन-मनन करे, अपने निजी विवेक से काम ले और शब्दों के महत्त्व को यथोचित अर्थ के साथ ग्रहण करने में विश्वास करे।

विश्वास कीजिए, आज मैं अपने को मुख्य अतिथि के कटघरे में खड़ा पा रहा हूँ। लगता है, मैं ही अभियुक्त, न्यायविद् और न्यायाधीश एक साथ हूँ। किसी चर्चित कांड में फँसा हूँ ओर मुझे ही निर्णय भी देना है। जिसे सुनने की उत्सुकता में भीड़ खचाखच भरी है। जनता में फुसफुसाहट हो रही है और सूचना तथा संचार तन्त्र के संवाददाता तथा कैमरे अधीर हो रहे हैं। यदि मेरा न्यायाधीश पीछे के दरवाजे की ओर हाथ लपकने वाला होगा तो अभियोजन पक्ष के वकील दलील देते थक जाएँगे, किन्तु वह अभियुक्त को बाइज्जत बरी कर देगा और मैं अपनी बेदाग चादर को जतन से ओढ़कर जस की तस रख दूँगा। किन्तु यदि न्यायाधीश संविधान की रोटी और नमकहरामी नहीं करने वाला होगा तो कठिन सजा तय है। राजनीति में तो

लोगों को चादर उसी प्रकार उत्तराधिकार में मिलती रही है जैसे कि मठों में महन्तों को। मुझे नहीं मालूम कि कबीर ने अपनी चादर किसे सौंपी थी? पर यह साहित्य का क्षेत्र है बच्चू! यहाँ तो भाषा ही पैतृक सम्पत्ति नहीं मानी जाती। और अपने बाप जान का तो अँगूठा ही किसी कागज को मसिमय करता है। साहित्य तो भाषा के आगे की चीज है। पर भाई, जिसे ओढ़ने की कला आ जाय, पद और पुरस्कार उसके चरण चूमते है। अतः चादर उतनी महत्त्वपूर्ण नहीं होती जितनी कि ओढ़ने की कला। यदि ओढ़तिया निपुण है तो चादर तानकर मजे से खर्राटे भी लेता है और उसमें कोई धब्बा या सिकुड़न भी नहीं आने देता। देखने से पता चलता है कि अभी-अभी हैंडलूम से निकली है और कभी भी ओढ़ी नहीं गयी है। इस पद पर यदि आज कोई राजपुरुष विराजमान होता, जिसका कि वह अपने को संवैधानिक, सामाजिक और पुश्तैनी रूप से हकदार मानता है तो वह इस तरह से पकड़ा गया अनुभव नहीं करता। वह फीता वगैरह काटता, अठन्नी भर मुस्कराता, शब्दों को झाड़ता, सन्नाटे को फाड़ता, कार से कुत्तों को काँड़ता स्वतः स्फूर्त ढंग से ऐसे चला जाता जैसे कोई आँधी आई हो।

आइये, चले आइये! अपना-अपना आसन ग्रहण कर लीजिए! कार्यक्रम का शुभारम्भ होने जा रहा है और मुख्य अतिथि के रूप में एक लेखक जैसा प्राणी पकड़ लिया गया है। अच्छे लोगों का कितना अकाल पड़ गया है कि अब हिन्दुस्तान में लेखकों को भी मुख्य अतिथि जैसे पद थोपने की हृदयविदारक घटनाएँ सामने आने लगी हैं। ईश्वर से प्रार्थना है कि वह आप सबको इस महाशोक को सहन करने की शक्ति और धैर्य प्रदान करे। विपत्ति की इस घड़ी में हम बजरंग दल के कार्यकर्ता आपके साथ हैं। सेना और वाहिनी भी हमारा सहयोग करने के लिए चंचल हो रही है। मुशर्रफ के चले जाने के बाद हमने ताजमहल को उसी पवित्र गंगाजल से धोया है जिसमें हमारे शहर का सारा कचड़ा पचा लेने की अनश्वर क्षमता है। तो यह लेखकुल्लाह किस खेत की मूली है? देखने से ही अभियुक्त लग रहा है। जैसे गैरजमानती वारंट पाकर दागी महानुभावों की कोटि में आकर चर्चित हो गया हो। ऐसी परानुभूति के बाद आत्मा की आवाज सुनते हुए मुख्य अतिथि से इस्तीफा दे दूँ क्या? लेकिन हाय रे पद! हाय रे पुरस्कार! हाय रे भ्रष्टाचार! हाय रे सरकार! तेरे को कोटि-कोटि नमस्कार! आज लेखक अभियुक्त की तरह खड़ा है। पहले लेखक ही ऐसा था जिसके शब्दों पर भरोसा किया जाता था। वह शब्दों को पालता-पोषता और उन्हें जीता था। उसका तीव्र भावबोध लोगों के मन को ताड़ लेता था और शब्दों के मन को भी। अतः उनकी वेधन क्षमता भी अचूक और स्फुरणशील थी। लेखक कोई तौलिया न होते हुए भी शब्दों का प्रयोग तौल तौल कर करता था, बहेलिया न होते हुए भी शब्दों का आखेट करता था, तेली न होते हुए भी उन्हें पेरता था, कुम्हार न

होते हुए भी उन्हें पात्रों में ढालता था, चिकित्सक न होते हुए भी उनकी भीतरी और बाहरी संरचना का जानकार था, कोच न होते हुए भी शब्दों के साथ खेलता और उन्हें खेलाता था, या तो वह शब्दों के पास चला जाता था या शब्द ही उसके पास दौड़ते हुए चले आते। फलतः कोई उसके शब्द उधार ले लेता तो वह खुश हो जाता, कोई सेंध मारकर उन्हें चुरा लेता तो निहाल हो जाता, कोई उन्हें लूट लेता तो सत्श्री अकाल बोल देता। लेकिन यदि कोई शब्दों से खिलवाड़ करता तो वह उदास हो जाता, कोई उनका दुरुपयोग करता तो आहत हो जाता और कोई उनके साथ दुराचार करता तो वह रोने लगता। हँसने लगे हैं श्रोता और दर्शक दीर्घा। मंच समेत मैं भी। बहुत ही सुन्दर प्रहसन प्रस्तुत किया है छात्रों ने। यदि मुख्य अतिथि संवेदनशील श्रोता और दर्शक नहीं है, निरा मुख्य अतिथि है, तो वह उतने समय के लिए भी आपके परिवार या समाज का सदस्य नहीं बन सकता। वह अपना स्वामित्व और आपकी दासता देखने के लिए व्यग्रमानस दिखाई देता है। उसकी गुप्तेच्छा होती है कि किसी सरस्वती के बजाय उसके ही सम्मुख दीप-प्रज्ज्वलन किया जाय, लोग सिर्फ उसे ही देखें, कैमरों के मुँह उसकी ओर न हों तो वह खुद ही अपना मुँह उनकी ओर कर दे। ऐसे अतिथि न तो सच्चे प्रथ-प्रदर्शक हो सकते हैं, न सच्चे दर्शक। वे या तो अन्धदर्शक होते हैं अथवा मूक दर्शक। जो आँख मूँदकर सब कुछ देखते रहते हैं अथवा जो आँख खोलकर सब कुछ देखने के बाद भी कुछ बोल नहीं पाते, ऐसे मिट्टी के माधवों से अष्टधातु से निर्मित वह पशुपति आप सबकी रक्षा करें।

आदर्श विद्या मन्दिर का यह वार्षिकोत्सव दिन में ही आयोजित है। स्पष्ट है कि आयोजकों के पास दिन को भी रात बना लेनेवाले साधनों का अभाव है। आज कल उत्सवों के दो ही प्रमुख तत्त्व हैं—चकाचौंध और कनफोड़। यदि आपकी आँख या कान में से कोई भी एक अथवा दोनों ही न फूट जाएँ तो समझिए कि आप किसी उत्सव से नहीं बल्कि कन्डोलेन्स से वापस लौट रहे हैं। लेकिन ऐसे शुभ अवसर पर किसी अपशकुन की बात करना अपनी परम्परा के विरुद्ध है। फिर भी मंगलाचरण हो चुका है। किशोरवय के छात्र-छात्राओं ने बड़े ही मनोयोग से नाटक, गीत, अन्त्याक्षरी, रेडियो समाचार, भाषण आदि तैयार किया है। उनमें मँजा हुआ अभ्यास और आत्मविश्वास झलक रहा है। विभोर होकर सारा जन-समुदाय बाल-सापेक्ष हो गया है। वैसे हर प्रकरण से निरपेक्ष रहने वाले लोगों के लिए छात्रों का सहज-लोल कार्यक्रम क्या सूरदास का बाल-लीला वर्णन भी बेमतलब का ही है। छात्रों का कार्यक्रम समाप्त हो चुका है और पूरा प्रांगण तालियों की गड़गड़ाहट से गूँज उठा है। प्रतिभागियों के मुँह पर प्रसन्नता की चमक है। संचालक महोदय ने माइक सँभाल लिया है और आँखों देखा हाल का प्रसारण कर चुकने के बाद प्रख्यात लेखक आदि विशेषणों से विभूषित एवं 'महा महनीय मेधाविन् त्वदीयं स्वागतं कुर्मः' से गद्गद

मुख्य अतिथि से दो शब्द उच्चारने का निवेदन कर चुके हैं। अतिथि कोई क्रिकेटर, अभिनेता, नेता या कम से कम किसी अखबार का सम्पादक ही होता तो भी कोई बात थी। लेखक जैसा गरिष्ठ प्राणी कुर्सियों को अनाथ करने के लिए पर्याप्त है। बकर-बकर बोलेगा और लोग खटर-पटर निकल लेंगे। कृपया शान्ति का दान दीजिए। अब अधिक समय नहीं लगेगा। कतिपय वक्ता ऐसे होते हैं कि कोई लाख वार्निंग-बेल बजाता रहे या चिट पकड़ाता रहे लेकिन यदि माइक पकड़ में आ गया तो सुननेवालों की खैर नहीं। संयोग से यदि मुख्य अतिथि ही ऐसा सुयोग्य वक्ता निकल जाए तो पदेन अधिकारी होने का उसे वेटेज मिल जाता है। तो मित्रो! अब आपके सम्मुख वही मुख्य अतिथि खड़ा है। जिसकी कीर्ति दूर-दूर से सुनकर अम्बेडकर गाँवों की भाँति आपके कान फर्जी तौर पर सन्तृप्त हो चुके हैं। बस निरीक्षण के कार्य का भौतिक सत्यापन बाकी था। आँखें तृप्त नहीं हुई थीं। अतः वे कानों पर विश्वास ही नहीं करती थीं। दोनों में विवाद छिड़ गया। जिसका निबटारा यहीं लोक अदालत में हो जाएगा। अन्यथा भारतीय न्याय-व्यवस्था की चाल से तो आँखों और कानों की अगली पीढ़ियाँ यह वाद लड़ते-लड़ते कंगाल हो जाएँगी। शुभकामनाएँ, दूरदर्शन को जिसने आँख और कान के इस ऐतिहासिक विवाद को चुटकी बजाकर हल कर दिया है। हँसना मना है। क्योंकि बिना प्रत्यक्ष देखे, केवल सुनी-सुनाई बातों पर दौड़ा हुआ आदमी गच्चा खा जाता है। नई पीढ़ी को यह जानना चाहिए कि पहले अपने यहाँ शादी में 'शिष्टाचार' उसी तरह निर्बाध चलता रहता था जैसा कि दहेज निरोधक कानून बनने के बाद दहेज का लेन-देन पूरी गरिमा के साथ चल रहा है और उस शिष्टाचार का यह श्लोक बहुत ही लोकप्रिय था—

दूरेऽपि श्रुत्वा भवदीय कीर्तिम्, कर्णो च तृप्तौ न हि चक्षुषी में।
तयोर्विवादं परिहर्तुकामं, समागतोऽहं तव दर्शनाय।।

यह एक उदाहरण है। और जैसा कि पहले ही कहा जा चुका है कि कोई न तो यूँ ही उदाहरण बनता है और न ही उद्धृत किया जाता है। रासायनिक क्रियाओं में जो महत्त्व उत्प्रेरकों का होता है, वही उपयोग और महत्त्व हमारे जीवन में उदाहरणों का है। जैसे तत्त्वों और यौगिकों में सारी क्षमता होने के बावजूद, उत्प्रेरकों के बिना कुछ क्रियाएँ सम्भव नहीं होतीं वैसे ही उदाहरणों के सामने होने पर हमारे जीवन में सक्रियता बढ़ जाती है। किन्तु कोई भी उदाहरण सार्वत्रिक नहीं हो सकता। अतः देशकाल के बदलने के साथ-साथ नये-नये उदाहरणों की आवश्यकता होती है। ऐसी दशा में नई पीढ़ी का एक अनिवार्य दायित्व यह भी है कि वह अपने दीर्घजीवी क्रियाकलापों से अपने ही बीच से उदाहरण की एक सूची अवश्य ही प्रस्तुत करने को ठाने। इस ठनाठनी में अभिनय, खेलकूद, वाक्कला, गायन, वादन और कभी-कभी लड़ाभिड़ी भी जरूरी है। अभिनय के द्वारा जहाँ हम, थोड़ी देर के लिए ही

सही, अपने को बदलना और परकाया प्रवेश सीखते हैं, वहीं खेल-कूद से शारीरिक-मानसिक उछाल और स्फूर्ति अर्जित करते हैं। इस प्रतिस्पर्धा में यदा-कदा चोट और ठेस भी सम्भावित है किन्तु वह आदमी भी क्या जिसे कभी कोई ठेस ही न लगी हो? भला लड़ाभिड़ी किस बच्चे को प्रिय नहीं? अगर वह असमय ही बूढ़ा न हो गया हो। किन्तु लड़ाभिड़ी भी जोड़ने के लिए होनी चाहिए, न कि तोड़नार्थ। उदाहरण के लिए आठ और दस साल के दो सगे भाई दूसरे गाँव से दूध लाने गये थे। दूध से भरा लोटा बाग में रखकर दोनों इस बात के लिए झगड़ रहे थे कि 'लोटा मैं नहीं ले चलूँगा, तुम ले चलो।' उधर से गुजर रहे एक साधु ने दोनों को झगड़ते देखा और सुना तो बोले, 'बेटा, यह झगड़ा दूसरे प्रकार से भी किया जा सकता है। तुम बोलो कि मैं ले चलूँगा।' पहले वाला झगड़ा तोड़ने वाला है जबकि बाद वाला जोड़ने वाला होगा। इसी प्रकार से वाक्कला से भाषा में निखार और प्रौढ़ता आती है। इधर एक चलेबुल भाषा का प्रचलन बढ़ रहा है, जिसके मूल में वह प्राइमरी एजुकेशन है जिसके बच्चे एल.के.जी., यू.के.जी. से चलते हुए भाषा के एल.पी.जी. और पी.जी.आई. तक पहुँच जाते हैं। भाषा की ऐसी चाउमीन में हिन्दी की संज्ञाएँ या सहायक क्रियाएँ उसी प्रकार अल्पसंख्यक दिखाई देती हैं जैसे बाँस की सीढ़ी में तो अँग्रेजी के यच ही यच दिखाई देंगे, किन्तु हिन्दी के नाम पर केवल टोपी या खड़ी पाई ही मिल सकती है। दूसरी ओर 'अरुण', 'उदय' की कक्षाओं से चलकर सप्तम्, अष्टम् में जाने वाले 'अरुणोदय सकुचे कुमुद' टाइप शिशु मन्दिरों में वैदिक भाषा और मध्यकालीन विचारों से कुछ भी कम न पढ़ने के लिए बाध्य और बध्य की तरह बँधे हैं। हमारे एक अध्यापक, जो किसी 'षड्यन्त्रवश गिनीज बुक और नोबल पुरस्कार से वंचित रह गये, ने हमें संस्कृत में अनुवाद करने की बड़ी ही आनन्ददायिनी कला का साक्षात्कार कराया था। उनका ब्रह्मचर्य मत था कि शब्दों के आगे विसर्ग, अनुस्वार यानी कि अः, औ, अम् जोड़ दो तो कोई साला संस्कृत बनने से नहीं रोक सकता। इस प्रसंग में पूर्वजन्म में अनन्य गुरु-पारायण शिष्य अशिष्ट नारायण शर्मा का उदाहरण हमारे सामने है। जहाँ भी गुरुजी बैठते वह वहीं बैठ जाता था, वे किसी के सुन्दर शरीर पर दृष्टिपात करते तो वह उस पर नजरें गड़ा देता था, वे प्यासते तो वह कोल्डड्रिंक से उनकी तृषा बुझाता था, वे रिक्शेवाले को कम किराया देते तो वह कभी किराया ही न देता था। ऐसे योग्य शिष्य द्वारा अपनी चारों अवस्थाओं का अनुकरण देखकर गुरुवर ने अन्तर्राष्ट्रीय नाट्य विश्वविद्यालय से उसे तुरन्त ही शोधोपाधि प्रदान करने में उसका और विशेषकर अपना कल्याण समझा। इस पौराणिक कहानी के दस हजार पर्चे छपवाकर जिन गुरु भक्तों ने परीक्षाओं का गाइड और गैस पेपर छापने वाले प्रकाशकों को प्रत्यक्ष या अप्रत्यक्ष रूप से पूरे उत्साह के साथ आर्थिक सहयोग करके देश की अर्थव्यवस्था को मजबूती प्रदान की, वे इस

जनम में सामाजिक यथार्थ वाली कहानियों के बहुअनूदित कथाकार हैं और जिन्होंने उस पर्चे को वहीं फाड़ डालने का महापाप किया वे कविकर्म के पसीना पोंछू संघर्ष से हाँफ रहे हैं। प्रेम से बोलो सन्तोषी माता की जय! सभापति महोदय से अनुरोध है कि वयस्कों के लिए कही गयी इस सर्वजनहितकारी कथा को इस कार्यवाही से निकाल दें क्योंकि यह कार्यक्रम वयकिशोर बच्चों पर आधारित है।

लेकिन बच्चो! उदाहरणों की यथावत् नकल करके कोई मॉडल तो बन सकता है किन्तु उससे मौलिक व्यक्तित्व का विकास सम्भव नहीं। उसके लिए तो खुद को ही तोड़ना, खेलना, चोटिल होना, माँजना और रचना पड़ता है, कभी चीखना तो कभी दाँतों तले अँगुली दबाना पड़ता है, भक्ति और विभक्ति दोनों का सहारा लेना पड़ता है, अन्धविश्वासों की अवज्ञा करने का साहस और अति आधुनिकता की चकाचौंध से यथासम्भव बचने का त्याग करना पड़ता है, पढ़ना और वाद-विवाद करना पड़ता है, कुछ को रूष्ट और कुछ को सन्तुष्ट करना पड़ता है और करना पड़ता है आत्मविसर्जन, तब कोई बात बनती है। जीवन मे आज प्रतियोगिता ही प्रतियोगिता है। सामान्य ज्ञान से लेकर सौन्दर्य प्रतियोगिता तक। हर किसी को बाजी मारना है। नये ओलम्पिक से पता चला कि हमारा महान् भारत भले ही सब में फिसड्डी हो लेकिन तीरन्दाजी में कुछ-कुछ कमाल का है। और वाद-विवाद मे तो सबसे आगे। हमारे देश के युवकों से अधिक भला वाद-विवाद के महत्त्व को और कौन जान सकता है? इस जुझारू विधा के बल पर अवैध असलहों का कुटीर उद्योग लक्ष्य से अधिक उत्पादन सम्भव करता है, तरुणों को दो गुटों में वर्गीकृत करने में इसकी सामाजिक भूमिका है और यथावसर यह बेरोजगारों के लिए काम की चीज है। हम पूरे आत्मविश्वास से पूरी दुनिया को बता सकते हैं कि अशिक्षा, पोलियो या चेचक जैसी समस्याओं का कोई कारगार निदान भले न खोज सके हों लेकिन हमारे यहाँ तेजी से पनप रही बेमतलमब वाद-विवाद की प्रवृत्ति गृहयुद्ध के लिए अनुकूल वातावरण तैयार कर सकती है। जैसा कि वाद-विवाद सिद्धान्त है, यह किसी शान्तिस्वरूप को भी चुप नहीं बैठने देता। इसके दो पक्ष हैं-सत्ता और विपक्ष। विषय के पक्ष में रहने वालों की संख्या हमेशा बेशी रहती है फिर भी लोग उस तरह उन्हें संज्ञान मे नहीं लेते जबकि दमदार विपक्षी को विषय के बहिष्कार की विधायी सुविधा रहती है और उसके प्रति ध्यानाकर्षण भी कुछ अधिक ही होता है। जैसाकि हम देख चुके हैं कि भारतीय मतदाताओं ने चालीस साल तक विपक्ष में रहने का अनुभव बहुत ही ध्यान से देखा और सुना। लेकिन बच्चो! नोटव्य है कि विपक्षी शत्रु नहीं होता और विपक्षी को भी बोध होना चाहिए कि वह सीमा पार चौकसी के लिए नहीं खड़ा है। अरे! वाद-विवाद तो होते ही रहना चाहिए किन्तु उसमें भी मैत्रीभाव का होना आवश्यक है। यदि ऐसा होता है तो हमारे विचार प्रखर, स्पष्ट और सटीक

होते जाते हैं। इसका फल यह होता है कि कठिन से कठिन समस्या का समाधान बनने की हमारी क्षमता और तीव्र होती जाती है हम एक सक्षम नागरिक बन पाते हैं। दूसरी ओर कुछ लोग किसी भी तरह के वाद-विवाद से योजनों दूर रहना चाहते हैं जबकि आज के संचार युग में सब कुछ नातिदूर है। आप दूर भागोगे तो विवाद ही आपके पास खुद पहुँच जाएगा। किन्तु कनबच्चे से लेकर अनेक संवेदी उपकरणों से लैस रहने पर भी नयी पीढ़ी में विचित्र संवादहीनत्व है। इससे शाब्दी-पाठ अप्रासंगिक और शारीरिक पाठ प्रसंगानुकूल बना है। इससे शस्त्रों की अधिक और वस्त्रों की आवश्यकता कम हुई है। नकल का सूचकांक हाइयेस्ट और अकल का पारा रसातल तक गया है। जरूरत है संवादहीनता के इस बोल-बाले से ऊपर उठने की। क्योंकि विद्यालयों में आयोजित वाद-विवाद के माध्यम से संवाद की सम्भावनाओं के नये द्वार खुलते हैं।

अन्त में मित्रो! जिस एक बात ने चुम्बकीय बल से मेरे लौह-मन को अपनी ओर खींचा है, उसका उल्लेख न करूँ तो आत्मघात, विश्वासघात और यहाँ तक कि राष्ट्रघात से कम नहीं होगा। उल्लेखनीय बात यह है कि प्रायः हर बच्चे ने अपना भाषण प्रस्तुतः करने के पहले सम्बोधन के साथ यह अवश्य कहा है कि टूटे-फूटे शब्दों में जो भी आपके समक्ष कहूँगा उसे क्षमा कीजिएगा। जबकि प्रायः हर बच्चे के भाषण में गजब का आत्मविश्वास, शुद्ध भाषा और विचारों की तार्किक प्रस्तुति दिखाई पड़ी है। स्पष्ट है कि यह एक रटाया गया वाक्य है जिससे विनम्रता के बजाय आत्महीनता अधिक प्रकट होती है। इससे बच्चों में यह ग्रन्थि पड़ सकती है कि वे न तो शुद्ध बोल सकते हैं, न सही ढंग से विचार कर सकते हैं और न ही इन्हें भाषा का सही ज्ञान है। जबकि यहाँ के बच्चों ने इस मिथक को तोड़कर दिखा दिया है कि वे तुकाराम के अभंग, कबीर की साखी, तुलसी की चैपाई, खुसरों की रुबाई, मीरा और सूर के पद, पाणिनि के सूत्र, नाटकों के नट-सब कुछ एक साथ हैं। उनके शब्द न तो टूटे हैं, न फूटे हैं बल्कि वे साबुत, सार्थक और निष्कम्प हैं। शब्द तो तब टूटते या फूटते हैं जब वर्तनी लड़खड़ाए, विचार बड़बड़ाए या अर्थ गड़बड़ाए। तब फूटने को कौन कहे, शब्द फट भी जाते हैं जिन्हें एक नहीं किया जा सकता। अतः बच्चों का मनोबल तोड़ने वाली सीख देने के बजाय उनकी भीतरी शक्ति को जाग्रत और प्रोत्साहित करने की जरूरत है। पुस्तकों का कीड़ा या रट्टू बनाने के बजाए व्यावहारिक ज्ञान और सामाजिक यथार्थ का बोध कराने की आवश्यकता है। कहते हैं कि एक नये पंडित जी पोथी-पत्रा लेकर पिंडदान करने गये। पिंडे पर सूत चढ़ाना था। पुस्तक में 'सूत्रम्' के 'स' के नीचे का रेफ कटकर 'म' हो गया था। अतः जब जजमान से उन्होंने उक्त कार्य करने को कहा तो उसने टोका कि पुराने पंडित जी तो सूत चढ़ाने को कहते थे नये पंडित ने कहा कि वे कम पढ़े-लिखे थे। उनका ज्यादातर

वाचिक ही था। मैं पढ़ा-लिखा हूँ। मेरा सारा काम कागजानुसार होता है। नयी कविता के कवि इसीलिए वाचिकता के विरुद्ध हैं क्योंकि वे पोथी पढ़ि-पढ़ि ही सयाने हुए हैं। ऐसे पढ़े-लिखे छात्रों से मेरा कहना है कि वे हीनग्रन्थि से भरसक बचें और अपनी परम्परा के सकारात्मक तत्वों को भी अपनाने में किसी लज्जा का अनुभव न करें, चाहे वे वाचिकता के जरिए ही हम तक क्यों न आये हों। कम से कम बच्चों के लिए तो वाचिकता का महत्व सदा ही बना रहेगा। दूसरी ओर आचार्यों से भी निवेदन है कि वे छात्रों को कूप-मंडूक न बनने दें और ऐसे उपदेशों से विद्यार्थियों की रक्षा करें जो उन्हें कुंठित करने वाले हों। कुंठा विषमता और भेदभाव की जननी है। जिस समाज अथवा देश के नागरिक जाति, धर्म, नस्ल, लिंग आदि के भेदभाव से ग्रस्त और कुंठित होते हैं, उसे पतनोन्मुख होने से कोई नहीं रोक सकता। अतः इससे बचें और लोगों को बचाएँ। बचाव भी एक इलाज ही है। चूँकि अभी तक किसी ने न तो वार्निंग बेल टनटनायी, न ही किसी ने चिट पकड़ायी और न ही लोगों ने कुर्सियाँ छोड़ी। अतएव शुक्ल जी से चरणबद्ध निवेदन है कि वे स्वतः अपना स्थान ग्रहण कर लें और लोगों को अपनी-अपनी शंकाओं के समाधान के लिए अवसर प्रदान करें। बहुत-बहुत धन्यवाद।

बंगाले से गंगाजल

बचपन की मेरी समझ में बंगाल एक स्त्री-प्रदेश था। वहाँ सिर्फ बंगालिनें रहती थीं और वे जादूगरनी होती थीं। जब कोई प्रवासी वहाँ कमाने-धमाने जाता तो वे उसे जादू से तोता, भेंड़ा, बकरा या ऐसे ही कुछ बनाकर पिंजरे में बन्द रखतीं और रात को इच्छानुसार मानुष बना लेतीं। ऐसे कामरूपों और जादू-टोने में मेरा बालमन इसलिए भी सहज विश्वासी बन गया था क्योंकि लगभग किशोर होने तक हर बीमारी में मेरी माँ टोना झाड़ने के लिए बगल के गाँव से किसुन चैधरी को बुलवा लेती थी। किसुन चैधरी अपने हुनर का भाव देखते हुए प्रायः रविवार या मंगलवार को सुबह-सुबह पधारने में कोई आनाकानी कभी नहीं करते। वे कुछ हिचकते, बुदबुदाते और गांजे के प्रभाव में रतनार आँखों से मेरी ओर स्नेहपूर्वक देखते हुए लोबान का धुआँ सुँघाकर मेरा उपचार करते। मेरी माँ की कई थातियों में पीली सरसों, लोबान और लौंग की किसी लत्ते में गठियाई एक पोटली भी थी। सो, बंगाल के बारे में जादू-टोने की सुनी-सुनाई कहानियों के प्रति मेरे मन में एक तरह का रोमांचक भय भी था और आकर्षण भी। लेकिन भय प्रबल था। मैंने मन ही मन कान पकड़कर उठ-बैठ लिया था कि दुनिया में कहीं भी चला जाऊँगा—नदी-नाले चला जाऊँगा, बीच धारे चला जाऊँगा, उस पार भी हो आऊँगा, प्रिया के पाँव पकड़ने की अनदेखी कर दूँगा, लेकिन बंगाल को कौन कहे, पूरब की ओर ताकना भी मेरे वश की बात नहीं। जिसे रसखान की तरह व्रज का पशु, पक्षी और पाहन बनने का बड़ा शौक हो, उससे कहूँगा—दादा! बंगालम् व्रज! लेकिन मुझे माफ कर दो। जर्जर बूढ़ी माँ और आशुप्रसवा वरटा (हंसिनी) का अकेला हंस हूँ। नीर-क्षीर का बहुत विवेक भले न हो लेकिन ममता कम नहीं। जो बंगाल जाता है, वहाँ से रिटर्न नहीं होता। होता भी होगा तो किसी सौतन के साथ।

दूसरी ओर गाँव में डमरू बजाकर खेल-तमाशे, खून-खच्चर और हाथ की सफाई दिखाते मदारी या बाजीगर मुझे बंगाल-रिटर्न ही लगते। जहाँ इस देश में जल्दी कोई फाइल ही रिटर्न नहीं होती, बाहर गये लोगों की वापसी तक सन्दिग्ध

रहती है, वहाँ बहुत से विद्वान फॉरेन रिटर्न का तमगा सीने से चिपकाए हुए जनपदीय लोगों को कीट पतंग से ज्यादा नहीं समझते। तो मदारी अपने कारनामों से हमें चमत्कृत करते हुए बंगाल-रिटर्न ही लगते। लगता कि ये अपने जादू से इच्छानुसार रुपये-पैसे बना लेते होंगे। तो भी इस गाँव से उस गाँव दर-दर भटकते रहते हैं? ईत्वरता और यायावरी भी कुछ लोगों को एक जगह बैठने नहीं देती। न्यूटन की गतिकी के विरुद्ध कोई आन्तरिक बल ही उन्हें पेरता रहता है। चल उठ। घूम-घाम ले अभी। दस तरह के समाज और बीस तरह के लोगों से भेंट-मुलाकात हो जाएगी। एक न एक दिन तो वैसे ही चिरनिद्रा में चला जाएगा, मूरख! और मदारी ईश्वर-अल्ला के नाम पर कुछ न कुछ माँगते हुए बताते रहते कि पेट न होता तो भेंट न होती। सच है, हर बात बहाना हो सकती है लेकिन पेट कभी बहाना नहीं होता। पेट दिखाना दुनिया के सम्मुख सबसे ग्लानिजनक रिरियाहट है। इसी पापी पेट के लिए ही आदमी को कुछ न कुछ करना पड़ता है। और कुछ लोगों को तो जी-तोड़ मेहनत करने के बाद भी पेट दिखाना पड़ता है। क्रूर संसार आदमी की अस्मिता और स्वाभिमान का ही भूखा होता है। इसी संसार से आहार की याचना करते हुए मदारी दर-ब-दर भटकते रहते। बचपन बीत गया तो खेल-तमाशों और जादू-टोनों का कौतुक भी कम होने लगा। बंगाल रिटर्न लगने वाले बाजीगर अब जनपद से ही बैरंग वापस आने लगे। जादूगरी जवाब देने लगी और जादुई यथार्थ का सामना करना पड़ा।

कहाँ पता था कि जिसका नाम सुनकर आपका हाड़ काँप जाता है, कभी उसी नाम का जाप भी करना पड़ता है। जिससे आप बहुत बिदकते हैं उसी से पिंड नहीं छूटता, जिससे रूठते हैं उसी को मनाना भी पड़ता है और जहाँ जाने से हिचकते हैं वहीं जाना भी पड़ सकता है। भुवनेश्वर में 'वर्णमाला' की ओर से आयोजित हिन्दी-उड़िया कविता सहवाचन का आमन्त्रण मिला और पता किया तो चला कि हावड़ा होकर जाना पड़ेगा। अब क्या हो? बीच में बंगाल है! दुंहुं दिसि दारू दहन जइसे दगधई आकुल कीट-परान! फॉरेन-रिटर्न होता तो स्वदेश भ्रमण का लोभ त्याग भी देता। भला विश्वग्राम की नागरिकता के आगे देसी नागरिकता की क्या अहमियत है? देश के हों न हों, दुनिया का होना सोच और समझ की व्यापकता की सनद है। भारतीय लोग समझें या न समझें, कविता का प्रमुख विदेशी भाषाओं में अनुवाद की गरिमा ही कुछ और है। भूमंडलीकरण के दौर में 'हिमालयो नाम नगाधिराजः' का भूगोल और मानचित्र खींचना पिछड़ापन नहीं तो क्या है! जो ठीक से अपना ही प्रान्त न घूम सका हो उसके लिए दूसरे प्रान्त की यात्रा करना दूसरे लोक की यात्रा करने से कम नहीं। जिस जातक के केंद्र में ही तीसरे दर्जे की यात्रा लिखी हो, जिसके भाग्य में गरीबरथ भी न हो, उसके लिए ए.सी. द्वितीय श्रेणी के टिकट

का प्रलोभन उड़ीसा क्या कुम्भीपाक में भी जाने से नहीं रोक सकता। अब चाहे गोवर्धन का ढेला बनना पड़े या मधुबन के करील का काँटा अथवा व्रज का पशु-पक्षी पाहन! उड़ीसा जाना है तो बंगाल से बचा नहीं जा सकता। उत्तर भारत में जन्म लेने का अभिशाप तो झेलना ही होगा। वैसे भी अपुन वहाँ के हैं जहाँ बस्ती के रसखान माने जाने वाले और "वहि पावन पांवन की रज पावन बास अपावन पावन चाहत" जैसी पंक्तियों के कृष्णप्रेमी कवि अब्बास अली 'बास' की स्वर्गीय आत्मा निवास करती है। तो रसखान की भावना का अनादर कैसे किया जा सकता है? यह अलग बात है कि अब व्रज और मिथिला हाशिए पर हैं। जहाँ से जीवन रस मिला, उस रंगभूमि की ओर कौन देखता है? रंगभूमि से अधिक महत्त्वपूर्ण बना दी गयी है रणभूमि। जीवन रस से ज्यादा जरूरी हो चुका है सत्ता-सुख। इसीलिए अब मथुरा और अयोध्या एजेंडे में है। व्रज और मिथिला से संस्कृति विकसित हुई थी, मथुरा और अयोध्या से सांस्कृतिक राष्ट्रवाद फल-फूल रहा है। सचाई यह है कि मिथिला एवं व्रज का विस्मरण स्त्री-अस्मिता की उपेक्षा का कुचक्र है जबकि मथुरा और अयोध्या का उभार पुरुष-वर्चस्व सत्ता की हिंसक राजनीति। राजनीति के इसी खेल से खिन्न होकर गर्भभार से निर्वासित सीता ने लक्ष्मण से कहा था—

वाच्यस्त्वया मद्वचनात् स राजा वह्नौ विशुद्धामपि यत्समक्षम्। (रघुवंश, चतुर्दश सर्ग)

न स्वामी, न प्रियतम, न नाथ, न रघुवंशमणि! बल्कि (हे लक्ष्मण!) जाकर अपने उस 'राजा' से कह देना कि अग्निपरीक्षा दे चुकी मुझ सीता को लोकापवाद के डर से निर्वासित करने का क्रूर निर्णय किसी तरह सत्ता में बने रहने का ही एक स्वांग है। जितना प्यारा सिंहासन है, उतनी मैथिली कहाँ? इसी राजधर्म से धर्मराज्य की स्थापना होगी। कल्याण इसी में है कि इस राज्य से निकल जा। भविष्य जो भी होगा, चल चल रे अब उड़ीसा बंगाल से गुजरते।

काठगोदाम-हावड़ा एक्सप्रेस पूरब की ओर बढ़ती चली जा रही है। तीसरे दर्जे की ठेलमपेल में अपने को और अपना बैग इधर-उधर खिसकाते हुए ए.सी. सेकेंड का बिल प्रस्तुत करने की महत्वाकांक्षी योजना बनाता हुआ किसी न किसी बहाने बराबर बैग स्पर्श करता रहता हूँ। कभी आँख से, कभी हाथ से, कभी पैर से। थोड़ा उधर सरकने की धौंस या निवेदन सबको प्राप्त हो रहा है। हर कोई प्रभावित या अप्रभावित हो रहा है। इस डिब्बे में सबका खुला प्रवेश है। क्योंकि डिब्बा अनारक्षित है। पुलिस, जेबकतरे, जहरखुराने, उचक्के, टी.टी.ई., सूरदास, हिजड़े, चाय, गुटखा यानी कि सभी कमासुतों को इस डिब्बे से कुछ न कुछ मिल जानेवाला है। बाटिकट या बेटिकट सभी यात्रियों का कुछ न कुछ चला जानेवाला है। यह वही डिब्बा है जिसमें आदमी भेंड़ की झुंड की तरह तर-ऊपर एक-दूसरे में पिला पड़ा है।

यही वह डिब्बा है जिसमें हर कोई बैठा और खड़ा है, झुका और अड़ा है, जिसमें लोकतन्त्र संविधान से बड़ा है। यह वही पुष्पक है जिसमें अपार लोग सवार हो जाएँ तो भी एक सीट खाली रहेगी। इस भेड़ियाधँसान का क्या निदान हो? तो क्या किसी एक आदमी के लिए पूरा कम्पार्टमेंट खाली करा दिया जाए? तब वह यात्रा का सुख लूटेगा? एक आदमी कितनी सीटों पर पाँव पसारेगा? अकेला व्यक्ति कहाँ-कहाँ सोएगा? कितनी बार प्रसाधन में जाएगा, कितने पंखों की हवा खाएगा? कितनी बार सीसे में अपना मुँह देखेगा और कब तक एकालाप करेगा? भुवनेश्वर जा रहा हूँ दस-बीस लोगों के बीच संवाद-विवाद करने तो किसी ऐकिक नियम से सवाल हल नहीं हो सकता। बहुलक आवश्यक है। पधारने और सिधारने से ही तो यह संसार चलता है। कोई चढ़ता है तो कोई उतरता है। कोई आता है तो कोई जाता है। लेकिन इस आवाजाही से यातायात नहीं प्रभावित होना चाहिए। ट्रैफिक जाम नहीं होना चाहिए। आवश्यक सेवाएँ ठप्प नहीं होनी चाहिए।

गाड़ी में चढ़ते और उतरते लोगों की बोली बदल गयी है। यह न तो बांग्ला लगती है, न उड़िया। सामने बैठे हुए सज्जन से जिज्ञासा करता हूँ कि भाई साहब, यह कौन-सा स्टेशन है? सज्जन सचमुच सज्जन लगे और सज्जन गुलाम रसूल ने रात के ग्यारह बजे बताया कि 'ट्रेन बिहार में चल रहा हाय।' मैं तो जैसे आसमान से गिरा। इस देश को कौन कहे पूरे त्रिभुवन में बिहार की अपनी एक अलग छवि है। यहाँ की छलछलाई हुई संवेदना और जानलेवा संघर्ष को लोग जानते हैं। गरीबी के मसीहा को जानते हैं। यहाँ की पुलिस और प्रशासन को जानते हैं। अपहरण और फिरौती को जानते हैं। जिसकी लाठी उसकी भैंस को जानते हैं। ऐसे बिहार को अनदेखा करना लोकतन्त्र की सरासर अवहेलना है। रे मतिमन्द! ऐसे बिहार को बार-बार देखो। नालन्दा से चरवाहा विद्यालय का प्रसार देखो। यूथ का यूथ संहार देखो। कोयले से पैदा सुनार देखो। पिछड़ों का अगड़ा बिहार देखो। गोली-बारूद की भरमार देखो। देखो, भाई साहब! मुझे भुवनेश्वर जाना है और सज्जन गुलाम रसूल से मैंने अष्टभुजा-चरित कह सुनाया। उन्होंने बताया कि वे हावड़ा से चार-पाँच स्टेशन पहले बैंडल के निवासी हैं। साड़ियों और कपड़ों की जरी-कढ़ाई का व्यापार करते हैं। मुम्बई से आ रहे हैं। उनका आधा घर ट्रेन है और आधा बैंडल यानी कि लगातार आवागमन करते रहते हैं। परिचय में मुझे कवि जन्तु जानकर उनका बन्धुत्व और स्नेह कुछ अधिक बढ़ गया तो मैं दंग कि जरी-कढ़ाई के कारोबारी को कवि और कविता में इतनी दिलचस्पी क्यों होने लगी? लेकिन वह बंग का बंगाली है। कविता और बंगाल में कोई रिश्ता तो है ही, जादू-टोने में हो न हो। कुछ समाज ऐसे होते हैं जो साहित्य और संस्कृति को किरीट की तरह धारण करते हैं। संस्कृति के रस और संस्कृति के अलंकार में लोकधर्म और सत्ता सम्प्रदाय का अन्तर तो होता

ही है। आत्मीयतावश भाई गुलाम रसूल ने ट्रेन में चिल्लाते हुए चाय वाले से मुझे भी चाय ऑफर की तो मैं थोड़ा हिचकिचाया। हम यू.पी. वाले खुद धोखा खाते-खाते और दूसरों को धोखा देते-देते इतने चालू और काइयाँ हो गये हैं कि किसी पर विश्वास नहीं करते—न खुद पर न औरों पर। इस बेदाढ़ी मुस्लिम ने कहीं चाय में कोई मादक पदार्थ या जहर वगैरह मिला दिया और बैग उठाकर चम्पत हो गया तो? हावड़ा स्टेशन पर इस सजी-धजी काया को पुलिस लाश की तरह घसीटकर उतारेगी। पुलिस जब जिन्दा लोगों के साथ इतनी बदसलूकी करती है तो बेहोश आदमी के साथ कैसा बर्ताव करती होगी? अगर बिहार-रिटर्न ही न हो सका तो? स्वीकृति देकर भी 'वर्णमाला' के आयोजकों द्वारा विश्वासघाती और तनखइया मान लिया गया तो? लेकिन अष्टभुजा—'हमें उनसे भी है वफा की उम्मीद, जो नहीं जानते कि वफा क्या है।' यह संसार तो विश्वास के बल पर ही चलता है। चाहे आत्मविश्वास हो या परविश्वास। अविश्वास के हजारों जालों के बीच विश्वास का एक बाल भी बड़ा सम्बल होता है। डूबते को तिनके का ही सहारा होता है, किसी बरगद का नहीं। इस चाय से विश्वास की वाष्प उठ रही है। पी लो यह प्याला। चाहे सुकरात की गति हो या मीराबाई की। आज घर छोड़ा है तो किसी न किसी दिन संसार भी छोड़ना पड़ेगा। छोड़ो यह बकवास। भाई साहब, चाय तो अच्छी है। कुछ-कुछ बंगाल का जादू चढ़ने लगा है। झपकी आ रही है। नहीं, नहीं कोई नशा नहीं, नींद है। किसी का सिर किसी की गोद में है तो किसी का हाथ किसी के कन्धे पर। किसी का आँचल किसी के घुटनों पर है तो किसी की त्रिबली चमक रही है। कोई शिशु सपने में मुस्करा रहा है तो कोई बच्ची मच्छरों के दंश से रोने लगी है। खट् खिट् खट् खिट्। छप् छप् छिप् छिप्... चलती ही जा रही है।

आँख खुलते ही भाई गुलाम रसूल ने नीम की दातौन पेश की। तो सुबह की चाय मेरी ओर से परोसी गयी जिसे भाई जी ने कुबूल कर ली। मेरी आज की नमाज अदा हो गयी लेकिन कल का मक्का तो भुवनेश्वर है। अब भाई जी ही मेरे पथ-प्रदर्शक हैं। 'यह ट्रेन अब हावड़ा तीन बजे पहुँचेगा। हावड़ा से भुवनेश्वर ग्यारह बजे रात में गाड़ी मिलेगा और पक्का बारह घंटे का सफर हाय। भुवनेश्वर बहोत दूर हाय।' तो आठ घंटे हावड़ा स्टेशन पर आलू छीलना पड़ेगा और हावड़ा में कोई जादूगरनी मिल गयी तो? मिमियाओ, अललाओ या किसी पिंजड़े में फड़फड़ाओ। अपने रसखान को बुलाओ। लेकिन यह कालिन्दी का कूल नहीं बंगाल का तटवर्ती बिहार है। जान बची तो लाखों पाए। न हो कालिन्दी, तो वह दूरवर्तिनी भानुरंजित कौन-सी नदी पिघले हुए स्वर्ण-भंडार की तरह मन्द-मन्थर गति से बह रही है? कहीं वह हिरण्यवाह शोण तो नहीं? होगी या नहीं होगी। नदी तो नदी है। नदी का क्या नाम? महर्षि पाणिनि ने तो वैसे ही सूत्र पकड़ा दिया है—स्त्री नदीवत्। अर्थात

स्त्री का रूप भी नदी की भाँति ही चलेगा। तो स्त्री का भी नाम क्या, अमुक की माँ, नमुक की बेटी, समुक की पत्नी। स्त्री नाम नहीं, उपाधि है। यानि की स्त्रियों के लिए अन्त:पुर और पुरुषों के लिए हस्तिनापुर। कुछ घोटाला है सूत्र में यदि रूप एक जैसा चल सकता है तो नाम क्यों नही चल सकता? विन्ध्याचल, सतपुड़ा, सुमेरू, हिमालय, चित्रकूटाख्यान हैं तो नर्मदा, भागीरथी, मन्दाकिनी, गंगाख्या क्यों नहीं? रूप–परिवर्तन के साथ नाम–परिवर्तन की वैधता तो होनी चाहिए। क्या यह स्वर्ण नदी अपना नाम अर्जित करने के लिए ही तो इतनी लम्बी यात्रा पर नहीं निकली है? अपमान के कितने कड़वे घूँट पीती हुई, कितने प्रकार के लांछनों को ढोती हुई, कितनी बार मुड़ती, तटबन्धों और कगारों को तोड़ती और फिर–फिर तटबन्धनों को स्वीकार करती यह अपगा कहाँ और किसलिए दौड़ी जा रही है? क्या कोई उसके नाम से पुकार रहा है? लगता है कि अब यह अपने रूप और नाम—दोनों के प्रति सचेत है। किसी सिरफिरे के शाप से जहाँ बरसात के चार महीने नदी रजस्वला मानी जाती थी, इस मार्च में अब एक स्वच्छ तन्वंगी है। स्वच्छ और बेधड़क। स्वयं पहल करने वाली। इसे कंठाभरण प्रिय है लेकिन कंठमाला कदापि नहीं। वह अब स्वयं सक्षम और स्वाधीन है। भाई साहब बता रहे हैं कि यह नदी भी हावड़ा में जाकर समुद्र में मिल जाता है। मुहाने को देखने से ऐसा लगता है कि यदि सागुद्र नदी का अधरपान कर रहा है तो नदी भी पीछे नहीं। रूप को भी अब एक नाम मिल रहा है क्योंकि अब रूप में भी अपना वास्तविक मूल्य आंकने की चेतना और पहल करने की मुखरता का नैतिक साहस विकसित हो रहा है। थोथी मर्यादा एवं आत्महन्ता शालीनता से पल्लू झाड़ लेने को कोई धृष्टता या स्वेच्छाचार मानता हो तो मानता रहे। इसी को कहते हैं अमान्यता की स्वीकृति। स्वीकृति में ही संस्कृति निहित होती है। अस्वीकार की संस्कृति ही कट्टरता की जननी है। स्वीकार करता हूँ रसूल भाई कि हावड़ा में उजबकों की तरह आठ घंटे काटना चारों युग बिताने से कम तकलीफदेह नहीं होगा, स्वीकार करता हूँ कि आपके घर बैंडल में दो–चार घंटे आराम करने का हार्दिक निमन्त्रण बहुत ही आत्मीय और सहज है, स्वीकार करता हूँ कि एक मुसलमान द्वारा एक अपरिचित हिन्दू को अपने घर विश्राम करने का आमन्त्रण देने की कोई कुंठा आपके मन में कतई नहीं है, स्वीकार करता हूँ कि एक हिन्दू का किसी मुसलमान के घर पानी पीकर विधर्मी बन जाने का अस्पृश्य चोर मेरे ही मन में बैठा हुआ है, सौ बार स्वीकार करता हूँ कि मुझे अपने घर ले चलने की लालसा और मेरे असमंजस को कम करने के लिए ही आप छह–सात पीढ़ी पहले के अपने पूर्वजों को हिन्दू और अपने को कन्वर्टेड बताने की अपमानजनक यातना सहने को तैयार हैं इसीलिए आपके घर विश्राम करने का हार्दिक प्रस्ताव मुझे हजार बार स्वीकार है।

दादा! बैंडल आ गया। तो भाई साहब के साथ उतरूँ कि सीधे हावड़ा निकल जाऊँ? हामी भरकर मुकरना तो कभी सीखा ही नहीं। या खुदा तुझे जो भी मंजूर हो! रिक्शा भाई साहब के मकान पर पहुँच गया। उन्हें पता था कि लेखक-टाइप जीव हूँ तो सबसे पहले अपनी बड़ी बेटी को बुलाकर परिचय कराया और बड़े प्रेम से बताया कि यह हिन्दी में विशारद कर रही है। अब मेरे आगे प्लेट और हँड़िया भर रसगुल्ला था। शुक्ल जी! खाओ और पियो। दूसरा कोई उपाय नहीं। नमकीन और चाय भी हाजिर है। भाई साहब भीतर अपनी पत्नी को बता रहे हैं कि परदेसी दादा निरामिष हाय। बंगाल और शाकाहार। वह भी एक मुस्लिम परिवार में खास मेहमान के लिए? आठवाँ आश्चर्य। कैसा बौड़म अतिथि है? शायद इस कारण भी उस परिवार में मेरे प्रति कुछ और स्नेह उमड़ आया। अजूबेपन में भी एक हृदयावर्जक आकर्षण होता है। स्नान-ध्यान के उपरान्त प्लेट भर भात और आलू केले की सब्जी और फ्रिज से निकला मीठा दही। काटो भुक्खड़दास! कहाँ का महजब और कैसा सम्प्रदाय? मदारी सही कहते थे पेट न होता तो भेंट न होती। दाने दाने पर लिखा है खाने वाले का नाम। ये चावल के दाने किस संस्कृति के हैं और यह पेट किस संस्कृति का है? यह आकस्मिक मेहमानी और मेजबानी किस संस्कृति के हैं? यह प्यार और सत्कार किस संस्कृति का है? संस्कृतियों के बीच नफरत और घृणा का बीजारोपण सर्वथा अवैध और अमानुषिक है। संस्कृति की राजनीति नहीं चलेगी! सस्कृति की श्रेष्ठता का मिथ्याभिमान? नहीं चलेगा!! संस्कृतियों का अस्वीकार? नहीं चलेगा, नहीं चलेगा!! चलेगी तो पारस्परिकता और मेलजोल की संस्कृति। दादा! अब चलूँगा। यह एक नया प्रस्थान है। दादा की पत्नी और उनकी दोनों बेटियाँ हाथ जोड़े छलछलाई आँखों से अतिथि को विदा कर रही हैं। हाँ, हाँ खाली बोतल में चाम्पाकल से पानी भरकर बैग में रख दो। रास्ता लम्बा हाय।

रास्ते कितने भी लम्बे और मुश्किलों से भरे क्यों न हों लेकिन जिस रास्ते में ऐसे-ऐसे आत्मीय एवं गैरसरकारी अतिथिगृह हों, वह पलक झपकते ही आराम से तय हो जाता है। भाई गुलाम रसूल के घर बोतल में भरा यह स्वच्छ जल मंच पर रखे 'मिनरल वाटर' से ज्यादा निर्मल और पारदर्शी है। यह तन और मन दोनों की प्यास मिटानेवाला है। दोनों को तृप्त करनेवाला है। इसके विरंजन में भी एक तरह का साँवलापन है। यह संगम का गंगाजल है। आजकल गंगा-जमुनी संस्कृति की बड़ी चर्चा की जाती है। इस कम्पोजिट कल्चर का उत्सव कहाँ है? वेद में, पुराण में, कुरान में, बाइबिल में, गुरूग्रन्थ साहब में, कि त्रिपिटक में? ये सारे शास्त्र एक जिल्द में कहाँ बँधे हैं? किसी भी धर्मग्रन्थ ने तो अपनी संस्कृति को उन्नीस नहीं माना है। क्या काव्य में कहीं इसका उल्लेख मिलता है? जीभ तो कट गयी 'रघुवंश' रटते-रटते। कालिदास, कहीं तो संगम दिखाओ—

पश्यानवद्यांगि! विभाति गंगा भिन्नप्रवाहा यमुनातरंगैः (रघुवंश)

सुंदरी सीते! यमुना की तरंगों से भिन्न प्रवाहवाली इस गंगा को देखो। यह श्यामल जलतरंगों वाली यमुना और उज्ज्वल जलतरंगों वाली गंगा की धाराओं का अद्‌भुत संगम है। दोनों ही सखियों का रूप-रंग अलग है फिर भी ये सहजीवन के सिद्धान्त को निभा रही हैं। ऊपर-ऊपर से देखने में एक गोरी है तो दूसरी साँवली लेकिन भीतर ही भीतर किसकी कितनी बूँदें एक दूसरे में आईं-गयीं हैं, किसने किसका कितना जूठ पिया है, यह प्रत्यक्ष और अनुमान दोनों ही प्रमाणों से स्पष्ट दिखाई दे रहा है। यही है गंगा-जमुनी संस्कृति। संस्कृतियों की एक घुलनशील और मिश्रित धारा होती है, संस्कृति का कोई पुष्कर, वापी, कूप या तड़ाग नहीं होता। नदियों की ही संस्कृति होती है, समुद्र की कोई संस्कृति नही होती। और स्त्री नदीवत्। स्त्री को नदी का पर्याय मानना—उन्हें एक सूत्र में पिरो देना कहीं से भी असंगत नहीं। मुझे अब भी स्त्रियाँ जादूगरनी लगती हैं। स्त्री-विमर्श के दावेदार मेरी ऐसी-तैसी कर सकते हैं। आश्चर्य नहीं कि कुछ (प्र)खर आलोचक मेरी कविताओं में पूर्वांचल की पुरुषवर्चस्ववादी दृष्टि हेर ही लेते हैं। इसी को कहते हैं साहित्य की धर-पकड़, समझ और देख लेने की धूम्रलोचनी दृष्टि!

मेरी दृष्टि में स्त्रियाँ ही संस्कृति की असली निर्मात्री हैं। और नदियाँ हैं सांस्कृतिक धाराएँ। जो इस सहप्रवाह में अड़ंगा डालना चाहते हैं वे तिनकों की तरह लापता हो जाते हैं। लेकिन संस्कृति के पुरोहित और तथाकथित भक्तगण इससे बाज नहीं आते। राम गुलाम से रामदास से रामसेवक से रामनौकर बने ऐसे पंडों से मुक्ति कब मिलेगी भाई गुलाम रसूल, यह तो मालिक ही जानें। तो मालिक, अब मैं भुवनेश्वर के 'वर्णमाला' वाले कार्यक्रम से वापस लौट आया हूँ। घर आकर बैग खोलता हूँ तो बैंडल में भाई गुलाम रसूल के घर से भरी हुई पानी की बोतल निकलती है। माँ पूछती है 'बाबू, ई गंगाजल है का?' हाँ कहने पर माँ उसकी दस-बीस बूँदें घर भर में छिड़कती है। माँ समझती है कि मैं बनारस, प्रयाग, पुष्कर या हरिद्वार से लौटा हूँ।

देवि, पूजि पद—कमल तुम्हारे!

आधुनिकता के मारे हमारे तमाम मित्रों को देवी-देवताओं के पचड़े में पड़ना बिल्कुल अच्छा नहीं लगता। लगता तो मुझे भी नहीं लेकिन उन्हें लगता है कि मैं पचड़े वाला आदमी हूँ। इसी नाते मियाँ की जूती मियाँ के सिर वाले अन्दाज़ में हन-हनकर मेरी लानत-मलामत करने का कोई अवसर वे गँवाना नहीं चाहते। इस निमित्त वे मेरे नाम का सदुपयोग 'आधार कार्ड' की भाँति करते हैं-"आइये, आइये! आठ हैं भुजाएँ जिनकी अर्थात्...", तो कोई "भाई साहब, दो हाथों से आपको अँकवार में कैसे भरूँ?" तो कोई सज्जन, "आठ हाथ हैं तो मुँह में कम-से-कम चार जुबान तो होगी ही।" जैसे सुन्दर वचनों से स्वागत के लिए तैयार रहते हैं। थोड़ा सँभलकर सोचता हूँ तो लगता है कि यह सिर्फ हास-परिहास वाली मनोवृत्ति नहीं हो सकती बल्कि बन्दे को समास, लिंग, वचन, विभक्ति के व्याकरण में घेरने के सूत्र हैं। जबकि ताडयामास बन्दा व्याकरण का फन्दा देखते ही घबरा जाता है। अत: हे आधुनिकता के अन्धभक्तों! उदारीकरण के हरकारों और उपभोक्ता वाद के सिपहसालारो! अष्टभुजा के इस 'मध्यम-चरित्र' को कान लगाकर ध्यान से सुनो। संशय दूर होंगे। सर्वतोभद्र होगा। प्रेत-मुक्ति मिलेगी। इष्टसिद्धि पक्की है। यदि ऐसा नहीं होगा तो अपना नाम भी बदल दूँगा और 'चरित्र' पर लांछन लगाने की आकर्षक छूट की वारंटी नहीं बल्कि गारंटी है। तो हे माई-बाप! दत्तचित्त हैं आप?

यह अधम जीव अपने नाम के कारण ही आपको अप्रिय है। आप 'चरित्र' को सदैव 'त्रिया' के साथ जोड़ने के अभिलाषी हैं। जबकि अपनी नियति निरन्तर देवियों के चक्कर में पड़े रहने की है। अपना नाम तो देवी के विग्रह से जुड़े होने के नाते विवादास्पद है ही, नीम पर करेला यह कि जातक के पिता और चाचा तक का नाम देवी का ही पर्याय है। (प्रमाण-पत्र के लिए कृपया परिवार रजिस्टर का अवलोकन करें)। इससे भी आगे हमारी कुलदेवी भी दुर्गा ही हैं। इसका बोध बन्दे को उसी बचपन से है जब हमारी अइया (मातामही) शारदीय नवरात्रि में सप्तमी को दुबारा

नहा–धोकर सायंकाल देवी के घर में प्रवेश करतीं। उस दिन हमउम्र किशोर–किशोरियाँ और बच्चे आँख खुलते ही सिवानों की ओर धावते और पुंज के पुंज सनाल कुँइयों (कुमुद) के साथ सरोवरों से भीगे हुए घर आते। हाँफते हुए हमारा उत्साह सुषेण सहित समूचा पर्वत उठा लाने के उत्साह से कमतर नहीं होता। पड़ोस या गाँव के जिन घरों में सन्तान नहीं होते उनके यहाँ हमें कुँइयों और सफल बेल की डालों का सार्वजनिक वितरण करना पड़ता। खैर, अइया का पूजागृह से आवाहन होता तो मैं सकपकाकर उठता। अइया मुझे 'भेंड़ा' काटने के लिए बुलातीं तो भेंड़े की गर्दन पर गँड़ासे से प्रहार के बीच की काल्पनिक मिमियाहट और चीख से रोम–कंटकित भीतर जाता लेकिन किसी 'हलाल' या 'झटका' की आशंका न देखकर चैन की साँस लेता। वास्तव में होता यह कि पूजा सामग्री के बीच चावल का पिसान गूँथकर उसकी लोई से निर्मित मेषाकृति पीढ़े पर तिलकित रखी होती और मुझे उस पर सिर्फ गँड़ासे की धार धर देनी पड़ती जिससे पिंड द्विखंडित हो जाता। इसी पिंड की पूड़ी छनकर प्रसाद बन जाती है। यह शायद देवी के निमित्त अनुष्ठानित बलि–कर्म का प्रतीकीकरण था! जो भी था लेकिन हमारा कुटुम्ब कट्टर ढंग से शाकाहारी होने के लिए बदनाम है। इस मामले में हम पंक्तिपावनों (पतिहों) से कोसों और उदारीकरण के सर्वभक्षी अनन्य भक्तों से प्रकाशवर्ष पीछे हैं। और इस आधार पर कोई परिगणित करना चाहे तो अति पिछड़े और अनुसूचित वर्ग में जाने को अहोभाग्य समझते हैं। हमारे विचार इतने अनाधुनिक और निरामिष हैं कि अंडे को 'सफेद आलू' और मछली को 'जल–तरोई' सुनना पसन्द करते हैं लेकिन कटहल को कोई 'वनस्पति बकरा' कहना चाहे तो छिः नहीं आख् थू!

बहरहाल, सारी थुका–फजीहत मेरे नामकरण को लेकर है क्योंकि यह देवी के एक स्वरूप से जुड़ा है और देवी स्त्रीलिंग हैं। इसी नाते हमारे वे मित्र, जिनके भीतर लिंगभेद की झकड़ा जड़ें बहुत गहराई तक पसरी हुई हैं; वे नाम को लेकर ही फिकरे और फब्तियाँ कसते रहते हैं। कोई और सम्भावना होती तो शायद रूप से भी छेड़छाड़ करने की अभद्रता से बाज नहीं आते। उनके मर्मभेदी व्यंगबाण, लिंगभेदी उपहास या गगनभेदी अट्टहास से स्तब्ध सोचता हूँ कि अपने इस नाम के लिए मैं खुद तो कहीं से कुसूरवार नहीं फिर भी इसका मुझे दंश क्यों झेलना पड़ता है? नाम, लिंग, स्वभाव, धर्म आदि ऐसी उपाधियाँ हैं जिन्हें कोई स्वयं उपार्जित नहीं करता। ये उपाधियाँ तो हर किसी को प्रकृत्या या परम्परया प्राप्त होती हैं। फिर इनके आधार पर किसी की खिल्ली उड़ाने का विशेषाधिकार किसी को क्यों मिलना चाहिए? नाम में कुछ रखा हो या न रखा हो लेकिन नामकरण में संस्कृति, परिवेश, इतिहास, प्रतीक और इन सबसे बढ़कर किसी न किसी रूप में 'धर्म' अवश्य रखा रहता है। अपने यहाँ तो नामकरण एक संस्कार ही है। अतः बहुत दाँत पीसकर बहिष्कार करने

की चेष्टा के बावजूद नाम और धर्म के बिना मुक्ति सम्भव नहीं। इनके बिना जो भी सम्भावनाओं की तलाश में सिर्फ शब्द-संघर्ष करके घड़ों पसीना बहाते हैं, उन्हें वह समाज ही बहिष्कृत और निरादृत करके मोघी सिद्ध कर देता है। यह सही है कि नाम सामने आते ही हम उसमें गुण-धर्म को चरितार्थ होते देखना चाहते हैं। यही कारण है कि समाज में 'यथा नाम तथा गुणः' की सूक्ति बहुत लोकप्रिय है। मानता हूँ कि मित्र-मंडली को हास-परिहास करने की खुली छूट होती है। लेकिन भाई रुलाने की हद तक गुदगुदाना कहाँ का न्याय है? आखिर, मैत्री का तकाजा यह तो नहीं कि आप किसी 'देवप्रकाश' या 'राम अजोर' अथवा 'ज्योत्स्ना' को कोयले की किसी अँधेरी गहरी खदान में ढकेल कर ऊपर से ताली बजाकर उम्मीद करें कि अभी सब कुछ प्रकाशित हो जाएगा—बेनकाब! किसी की बेचैनी का हिंसक आनन्द उठाना कदापि ठीक नहीं। लेकिन हाल के कुछ वर्षों से जिस प्रकार हवा, पानी, ऊर्जा, आनन्द, सम्पदा केवल चन्द मुट्ठियों की अकूत जागीर बनती जा रही है और एक बड़ा वर्ग जीने के न्यूनतम संसाधनों से वंचित किया जा रहा है, बाजारवाद जितने लोलुप ढंग से स्त्री को केवल देह के व्याकरण तक सीमित करता जा रहा है, हिंसक आनन्द उठाने की मनचली प्रवृत्तियाँ जितने निर्लज्ज ढंग से दैत्याकार होती जा रही हैं, ज्ञान की विस्फोटक चकाचौंध में जैसे-जैसे अविद्या का सूचीभेद्य अन्धकार गाढ़ा होता जा रहा है, दुर्दान्त आखेटों के अट्टहास से निर्बल और कोमल ध्वनियाँ जैसे-जैसे कराह रही हैं उससे तो यही लगता है कि शेरावाली की सारी भजनावली और आरती बेकार है, विसर्जित की गयीं प्रतिमाएँ हत्याकर नदियों में फेंकी उतरातीं नंगी लाशें हैं। सब कुछ क्षत-विक्षत है। लेकिन यह डरा और डिगा हुआ मन किसी अक्षत विश्वास के भरोसे फिर खड़ा होकर सोचता है कि अभी किसी गुफा से या पर्वत से या जंगल से या नदी से या लोगों के सम्मर्द से किसी चमत्कारिक देवी का सद्यः प्रकटन होगा। वह अपनी भीषण-रमणीय शक्ति से सारे दुराचारियों को तहस-नहस कर देगी। लोग मंगल मनाएँगे। फूल बरसाएँगे। जय-जयकार करेंगे और 'गौरीदेहसमुद्भवां त्रिजगतामाधारभूतां महा पूर्वामत्र सरस्वतीमनुभजे'.....में ध्यानमग्न हो जाएँगे।

ओफ़्फ़ो, इतनी हर्षध्वनि के बीच भी यह चरित्र सुनते हुए हमारे कई मित्रों को झपकी आ रही है। क्या कीजिएगा, महामाया योगनिद्रा बड़े-बड़े देवों को भी सुला देती है। लोग सम्मोहन या उच्चाटन से आवेशित हो जाते हैं। देवी आरूढ़ होती है तो झपकी को कभी-कभी चिरनिद्रा में बदल देती है। लेकिन आप तो ठहरे वामाचार के तान्त्रिक। पंचमकारों के प्रेमी। शवसाधना के उपासक। जबकि हम अकिंचन आर्त्तजन! आप देवी के विग्रह का उपहास कर सकते हैं। आप मातृसत्तात्मकता का अल्पीकरण कर सकते हैं। अपको विभ्रम हो सकता है कि हमारी प्राक्तन परम्परा पितृसत्तात्मकता

से ग्रस्त रही है क्योंकि आप अत्याधुनिकता के विमर्शकार हैं। ..... आपके विमर्शों में अमर्ष जितनी ही अतिमात्रा में हैं परामर्श उतने ही अत्यल्प। थोड़ा रोष कम कीजिए। वैचारिक हिंसा का शीतयुद्ध रोकिए। अमर्ष घटाइए। आँखें खोलिए तो पता चलेगा कि अपनी परम्परा में लैंगिक विषमता का व्याकरण उतना भेदमूलक कदापि नहीं जितना आप शब्दकार लोग सिद्ध करने की कोशिश में लगे रहते हैं। नामकरण को ही लीजिए। तो हाथ में जल लीजिए, दूब-अक्षत लीजिए, संकल्प बोलिए। अपना ही नाम लीजिए। क्या पता कि आप देव प्रकाश हैं या देवी प्रसाद? वैदेही हैं या कौन्तेय? यशोदानन्दन या वासुदेव? लक्ष्मीधर या मुरलीधर? गौरी, दिव्या, रामलाल, कंचन, काजल, जोखू, फेंकू, तौलू, बेंचू, महुआ, सुधा, रमा, हेमा, मैत्रेयी, विजय बहादुर, राजीव, पंकज पता नहीं क्या हैं? जो भी हैं लेकिन यह तो कबूल ही कीजिए कि आपके नामों पर सिर्फ पितृसत्ता...का एकाधिकार नहीं। उन पर मातृमूलकता की वैसी ही पकड़ है। वह किसी न किसी रूप में प्रकृत्या, परम्परया अथवा धर्मेणानुग्रहीत है। आप जैसे आँकड़ेबाजों के लिए 'विष्णुसहस्र नाम' की तर्ज़ पर 'देवीकोटिनाम' का भी जाप किया जा सकता है।

लगता है मैंने आपको किसी जप-तप के धार्मिक अनुष्ठान में बैठा दिया है? पुरोहिती का धन्धा कर रहा हूँ? देवियों का खानदानी पेशेवर हूँ? धुन्धकारी बाबाओं का एजेंट हूँ? सितारों के साथ मिलीभगत कर लक्ष्मी कुबेर धनवर्षा की ताबीज़ बेचता हूँ? यन्त्रों का पैकेज और तन्त्रों का भ्रमजाल फैलाता हूँ? साहित्य में ऐं ह्रीं क्लीं करता हूँ? माँ कसम मित्रो! मैंने अभी तक ऐसा कुछ नहीं किया है और न ही करना चाहता हूँ। करना चाहता हूँ तो दसो नह जोड़कर यह प्रार्थना कि महासरस्वती आपको सद्‌बुद्धि प्रदान करें। देवियों के अद्‌भुत विग्रह का ध्यान कीजिए। उनकी महिमा और माहात्म्य को समझिए। प्रेम और सम्मान करना सीखिए। उनकी समसत्ता को स्वीकार कीजिए। यदि हम-आप अपने को देव मानते हैं तो वे देवियाँ हैं। अगर हम खुद को सर्वशक्तिमान समझते हैं तो वे आदिशक्ति हैं। अगर हम अपने क्रो पुरुष मानते हैं तो वे स्त्री हैं। इस सहमति के साथ वे आपकी बालिका, प्रिया, माँ, सहवर्ती, सहकर्मी, सहवासी, सहसम्बन्धी सब कुछ बनने के सन्धिपत्र पर हस्ताक्षर करने को सहर्ष तैयार हैं। लेकिन यदि आपके भीतर कच्चे मांसाहार की आदिम प्रवृत्तियाँ पनप रही हैं, यदि खीरा-ककड़ी समझकर उन्हें चबा डालना चाहते हैं, विज्ञापनों से विक्षुब्ध कर देनेवाले सर्वग्रासी समय में यदि उन्हें 'रतिया की बतिया' मानने के उच्चाटन से बेचैन हैं, उनके मार्दव और सौन्दर्य से सम्मोहित किन्तु असहमत होने पर केशाकर्षणविह्वलां (झोंटा घसीटकर शीलभंग की कुचेष्टा) से अट्‌टहास करते हैं तो यह बलात् दुष्कर्म, यौन-हिंसा, दुराचार आदि कथनों से आगे का महापाप है। निन्यानबे के पहले ही हमें जाग्रत हो जाना चाहिए। यकीन मानो

दोस्तो! यह भक्त-शिरोमणि कभी देवी-जागरण के तालीबजाऊ-सिरहिलाऊ जलसों में शामिल नहीं हुआ है। काँवरिया-संघ के कच्छा-बनियान गिरोह का सदस्य नहीं बना है। शिला-पूजन वाले ईंट-पत्थर दल का रसीदी टिकट नहीं कटाया है। षोडशोपचार नहीं किया है। विनियोगों से सदैव सात कोस की दूरी पर रहा है। लेकिन यह कैसे भूला जा सकता है कि हम जिस समाज के रहवासी हैं उसके नागरिक नवरात्र में नवदुर्गा की विग्रह मानी जानेवाली कन्याओं के चरण पखारकर, भोज देकर सहज श्रद्धा और विश्वास की भावांजलि से पूजा करते हैं। उन बच्चियों, किशोरियों, सुन्दरियों को मल्लयुद्ध में पटकनी देने के बल-वीर्य से मदान्ध होनेवाले बर्ताव से आक्रोशित यदि कोई अनिन्द्यसुन्दरी देवी करालवदना रण-चंडिका में विरूपित हो जाती है तो इसमें आश्चर्य कैसा? आश्चर्य तो इस बात का है कि जब देवगण असहाय हो जाते हैं; उनकी अक्की-बक्की गुम हो जाती है; पुरूष-शक्ति अशक्त हो जाती है; क्षीरसागर, कैलाश, मानसरोवर सब 'हैंड्स अप' की मुद्रा में आ जाते हैं; वायु, जल, अग्नि, सूर्य जैसे प्राकृतिक संसाधन और ऊर्जा उपभोक्तावादी चन्द दैत्यों की मुट्ठियों में कैद हो जाते हैं; तब महादेवी की शरण में नतमस्तक होकर प्रार्थना करने के अलावे दूसरा कोई साधन नहीं दिखाई देता—

देवि प्रपन्नार्तिहरे प्रसीद
प्रसीद मातर्जगतोऽखिलस्य
प्रसीद विश्वेश्वरि पाहि विश्वं
त्वमीश्वरी देवि चराचरस्य

यह स्तोत्र क्या किसी देवसत्ता के समक्ष की गयी प्रणति से रंचमात्र उन्नीस है? हमें तो प्रतीत होता है कि इस सन्दर्भ में यह बीस ही पड़ेगा। यह राम की शिव या शिव की राम से करा दी गयी अन्योन्य पुरूषसत्ता की स्तुति नहीं बल्कि देवी के महाविग्रह के समक्ष देवों की घुटनाटेक रिरियाहट है! हमारा समाज अपनी आस्था के अवलम्ब खोज लेने में सहज विश्वासी है लेकिन जहाँ उसके विश्वास को धक्का लगता है, विश्वासघात की बू आती है, वहाँ उसकी प्रतिक्रिया भी विकट होती है। अगर किसी के मजहबी उसूलों को ठेस न पहुँचे तो हम यहाँ तक ख़्वाब देख सकते हैं कि यदि मलाला यूसुफजई हिन्दुस्तानी समाज में पैदा हुई होती तो कालान्तर में कभी न कभी उसके नाम पर कोई देवी-मन्दिर जरूर बन जाता क्योंकि हम 'सभ्यताओं के संघर्ष' के नहीं बल्कि 'सभ्यताओं के सन्निकर्ष' के हिमायती हैं, थे और रहेंगे। इस मान्यता के मूल में औरत न तो मर्द से किसी मायने में कमतर है, न दोयम दर्ज़े की नागरिक और न ही कोई अकेला मर्द दो औरतों के बराबर है। औरत को अपना जीवन चुनने का पूरा हक है। लेकिन जहाँ कोई पुरुष शक्ति-प्रदर्शन के निचले पायदान तक उतर आने के दम्भ में चूर हो जाता है वहाँ वरण के लिए स्त्री-

शक्ति की अपनी शर्तें, कसौटियाँ और चुनौतियाँ सामने होती हैं। अपनी प्रतिज्ञाएँ और अवमानना की कसक होती है। ठीक है, हम तो अल्पबुद्धि स्त्री हैं। देह-दशा से भी निर्बल। हर बात में हड़बड़ा जानेवाली वेपथुमती। जबकि तुम लोग उद्धत पौरुष से मदान्ध आपे में नहीं हो। हमने भी बिना सोचे-समझे प्रतिज्ञा कर ली है। अब अपनी ही प्रतिज्ञा से तो कोई मुकर नहीं सकता। अतः हमें पाने की न्यूनतम अर्हताएँ और प्रतिबन्ध हैं—

किं त्वत्र यत्प्रतिज्ञातं मिथ्या तत्क्रियते कथम्।
श्रूयतामल्पबुद्धित्वात् प्रतिज्ञा या कृता पुरा।।
यो मां जयति संग्रामे यो में दर्पं व्यपोहति।
यो मे प्रतिबलो लोके स में भर्ता भविष्यति।।

यहाँ 'प्रतिबल' बहुत अर्थगर्भित है। यह निषेध का विधेयवाची है। इस प्रतिबल को आत्मबल, बुद्धिबल, संख्याबल और देहबल तक ले जाया जा सकता है जिसमें परास्त करने की भी क्षमता है, सिर्फ पराजित होने की नहीं। बराबरी की टक्कर है। लेकिन जो इस द्वन्द्व को संघर्ष की अति तक पहुँचा देना चाहते हैं—कोमलता को अक्षमता समझकर, मार्दव को मजबूरी मानकर, स्त्री शक्ति का न्यूनीकरण कर, जन्मदात्री की भ्रूणहत्या का महापाप कर, बलाघात के अस्त्र चलाकर, गाजर-मूली समझकर, धर्म की, कुटुम्ब की, कुल की दुहाई देकर-तो चन्दन से भी अनल प्रकट होने में देर नहीं लगती। कोई भी स्त्री यथासम्भव टकराव को टालना चाहती है छोटे-मोटे कलह की अनदेखी करती है। अवमानना का घूँट पीती रहती है। सन्तुलन बनाए रखने के लिए गृहयुद्ध, धर्मयुद्ध या राजयुद्ध से बचना चाहती है क्योंकि उसे पता है कि किसी भी युद्ध की सर्वाधिक विभीषिका उसे ही झेलनी पड़ती है। इन युद्धों में उसके पास सिर्फ असहमति का अस्त्र होता है। किन्तु इन युद्धों में जब उसका एकमात्र अस्त्र भी छिन जाता है या छीन लिया जाता है तो आक्रोश और अवमानना से रणचंडिका बन जाती है। कल्पना कीजिए—धू धू शंख बजाती, तलवार-कृपाण-त्रिशूल चलाती, विस्फारित नेत्रों से देखती, रक्तरंजित दन्तमाला दिखाती, गरजती-चीखती-चिल्लाती-हुंकार भरती, लपलपाती जीभ से खून चाटती, रोषारूण महाकाली! इस शरीरान्वय की रौद्र-छवि के निहितार्थ क्या हैं? इस अशुद्ध शक्ति का मूलस्वरूप क्या है?

आप तो इस देवी-प्रपंच में, पचड़े में, कचड़े में पड़ना ही नहीं चाहते किन्तु हमारे जैसे बेसुरे को उसी पचड़े में ढकेलकर प्रलाप का आनन्द उठाना चाहते हैं। उठाइये भाई, मनचाहा आनन्द उठाइए। हम तो हुँड़का बजाकर कँहरवा गानेवाले गाँव के गँवारों के बीच ही बड़े हुए हैं। उनके झमाझम नृत्य और गायन का श्रीगणेश ही इसी सरस्वती-वन्दना के स्वराराधन से शुरू होता रहा—'सुरा दइ द्य हमरी मतवा

सूरसती!' लेकिन जो लोग 'सुरा' का अर्थ स्वर की जगह मदिरा, 'मतवा' का अर्थ माँ की जगह मदोन्मत्त या 'सूरसती' का अर्थ सरस्वती की जगह अन्धसती कर डालते हों उनके लिए कैसा वागर्थ और कैसी वाग्देवी? वाक् के मध्यमा, पश्यन्ती और बैखरी जैसे तीनों रूपों का गये जमाने की बात हो जाने की हमें कोई प्रेत-बाधा नहीं, मध्यकाल की अभिधा, लक्षणा, व्यंजना शब्द-शक्तियों की त्रयी के अप्रासंगिक हो जाने की भी कोई ओझैती नहीं, ऐं ह्लीं क्लीं या श्रीं क्लीं ह्लीं की कोई झंझट नहीं। लेकिन आप तो आधुनिकता के विमर्शकार हैं। भाषा के संरचनावाद के अपेल प्रवक्ता हैं। आपके यहाँ तो सब कुछ अब देहभाषा (बॉडी लैंग्वेज) में है। तो देवी के किसी विग्रह से इतनी चिढ़ क्यों? आखिर क्या कारण और कौन-सी लज्जा है कि हिन्दी में आधुनिकता का पाटल-टैग लगाकर हम अनाधुनिक मान लिए जाने के आभासी खतरों से इतने डरे कि निराला के बाद किसी में 'सरस्वती-वन्दना' लिखने की हिम्मत ही नहीं हुई? अलबत्ता नागार्जुन ने देवी के भर्त्सनात्मक रूपों पर अपनी काव्य-प्रकृति के हिसाब से कभी-कभी काफी अशोभनीय भी लिखा-'पैरों के नीचे शंकर करूणावतार है/नंगी हो माँ तुम पर पागलपन सवार है!' दुखद यही है कि हमने इस पागलपन को, अमर्ष, विक्षोभ और आक्रोश को निर्वस्त्रता की अवमानना को, वीणा और पुस्तक के प्रतीकों को लगातार अनसुना और अनदेखा करने का अपराध किया है। किन्तु सुखद और सार्थक यह कि हाल ही में हिन्दी के ही एक आधुनिक वरिष्ठ कवि विष्णु खरे ने 'सरस्वती वन्दना' नामक कविता लिखने की पहल कर इस अपराध-बोध को स्वीकार करने के साथ हमारे विस्मरण की लत को ठीक-ठाक ठोंका है। विस्मृति की बूटी बहुतों को अचेत कर देती है। चाहे वह प्रमाद में मिली हो या प्रसाद में। तमाम संगठित गिरोह कुछ खिलाकर, कुछ पिलाकर, कुछ सुँघाकर आपको हर तरह से लूट लेने की ताक में हैं। इसलिए आगाह करने वाली चेतावनियों से खबरदार रहिए। अन्यथा बहुत बाद में होश आने पर पता चलेगा कि आप किसी झाड़ी या अस्पताल में कराह रहे हैं और वहाँ भी आपके प्राथमिक उपचार के लिए कोई देवी ही खड़ी है। चलिए, स्मृति भ्रंश के इस घनघोर दौर में यही मान लीजिए कि परम्परा पोंगापन्थ है। देवी, देवी नहीं मिथ है। विद्या, विद्या नहीं डिस्कोर्स है। स्त्री एक देह है और विमर्श देहभाषा। तो? स्त्री की देहयष्टि में जादू है। सम्मोहन की अद्‌भुत शक्ति है। अपने इस आकृत्या सम्मोहन पर उसे भी नाज़ है। वह अपनी देह के जादू और सीमाओं को भली-भाँति समझती है। लेकिन स्त्री-देह के इस वशीकरण के मूल में सहज सृजनात्मकता है। अत: जब-जब सहज वशीकरण को बलात् विवशीकरण में बदलने का अन्ध पौरुष सामने आता है तब तब अनर्थ अवश्यम्भावी है। स्त्री-पुरूष की उभयता सापेक्षिक है। ये दोनों ही एक ही मनुष्य के दो मूलाक्षर हैं। इन्हीं दोनों में यदि शिशुओं-शावकों की भी आधी मात्रा

जोड़ दी जाए तो कुल ढाई आखर हो जाता है। प्रेम के इसी चुम्बकीय आकर्षण और सम्मोहन का नाम लौकिक जगत है। यह सम्मोहन जिनके लिए अज्ञान है वे योगी-यती या साधक हैं लेकिन जिनके लिए सज्ञान है वे भोगी और सांसारिक हैं।

इस सांसारिक सत्ता में जितने का भागीदार पुरूष है, स्त्री उससे रंचमात्र कम नहीं। इस रूपक में किसी की भी सत्ता अप्रस्तुत नहीं। दोनों ही प्रस्तुत और समसत्ताएँ हैं। दोनों में आत्मिक अद्वैत है। भेद है तो मात्र देह की आवयवयिकता में। बल्कि स्त्री-देह की यही ईषत्भिन्नता अतिरिक्त सम्मोहन का हेतु है। निसर्गतः पुरूष स्त्री-प्रार्थी है। किन्तु प्रणय-निवेदन के लिए संकोच के मारे जहाँ वर्षों होंठ सिले रहते उसकी जगह अब लिंगभेदी फूहड़ फिकरे हैं। स्त्री-सौन्दर्य का निरा छिद्रान्वेषण है। जिस दैहिक संसर्ग की कामना में घंटों मनुहार की मक्खनबाजी अपेक्षित थी उनकी जगह अब चमचमाती चाकू की नोक है। जिस अभिसार का निर्मक्षिका-स्थल खोजने में इतनी चौकसी थी वह अब ऑन स्पॉट है। जिस चन्द्रानन पर मुँहासे भी बर्दाश्त के बाहर थे उन्हें झुलसाने की कुढ़ी प्रतिहिंसा में तेज़ाब की बोतलें हैं और जहाँ अकेला मर्द खुद को दो औरतों के मुक़ाबिल मानने के गुमान में था वहीं अकेली औरत पर मर्दानगी की पूरी गैंग है। इस गैंगवार की बारम्बार शिकार हो रही स्त्री ने अब पुरूष-प्रदत्त अबला की उपाधि को फाड़कर कूड़े के ढेर में फेंकना आरम्भ कर दिया है। दया, माया, ममता, मधुरिमा, परिवार आदि की ली गयी अपनी ही सौगन्ध पर पुनर्विचार करने के लिए बाध्य हो रही है। पुरुष द्वारा निर्धारित अलंकारों को एक-एक कर उतारते हुए अपने परिधानों और प्रसाधनों का स्वयं चयन कर रही है। नाक न होती तो कुछ भी खा लेनेवाले अविवेकी मुहावरों पर थूक रही है और मध्यकालीन फन्दों के देहवादी सोच से कोसों पिछड़ी दूरी की भरपाई के लिए रात-दिन एक कर रही है। अपने नाम, अपने काम, अपनी पहचान और अपनी स्वाधीनता के लिए जूझ रही स्त्री का यह एक नवावतार है। कर्त्तारों और भर्त्तारों को इस बहुरूपा नयी देवी के महज अंगन्यासों तक सीमित न रहकर, स्तुति और प्रार्थना के मानसोपचार के लिए तैयार रहना चाहिए! मित्रो! आपके लेखे और लिखे अब हर विद्या महज एक पाठ (टेक्स्ट) है। हर देह मात्र यौनिकता और हर मीमांसा केवल देहभाषा! तो कामरूपा देवी के विविध विग्रहों का एकाग्रचित्त होकर ध्यान कीजिए। हर विग्रह में एक बात प्रायः समान दिखाई देगी। वे हैं देवी के नेत्र बल्कि त्रिनेत्र! प्रश्न यह है कि सामान्य युगल नेत्रों से परे असामान्य तीसरे नेत्र की अर्थवत्ता क्या है? क्या यह तीसरी आँख कोई छठी इन्द्रिय है? देहभाषा की प्राथमिक इकाई नेत्र-भाषा ही है। नेत्रों की यह भाषा सर्वाधिक प्रभावशाली होती है। सम्मोहन, वर्जना, रोष, करुणा, कातरता अथवा यातना को जो दृष्टिसम्पन्न आँखों की भाषा में नहीं पढ़ सकते उनसे तो लाख गुना संवेदनशील ब्रेल-लिपि के पाठक हैं। इसी के साथ जो

स्त्री की आँखों में उपजे रोष को सदैव मानिनि का रोष ही पढ़ने के अभ्यस्त हैं उन कामान्धों का यौन-बोध पाशविकता से भी गया-बीता है। ऐसे धूम्रलोचन निरुपचार हैं। अपने यहाँ तो सभी विद्याएँ और स्त्रियाँ देवी की ही विविधा हैं—

विद्याः समस्तास्तव देवि भेदाः।
स्त्रियः समस्ताः सकला जगत्सु।।

किन्तु अब तो स्त्रियाँ भी देवी के अपने कलेवर और उपाधि से असहमत हैं।

परम्परा के यथास्थितिवाद ने ही उन्हें ऐसी घनघोर असहमति के लिए बाध्य किया है। जबकि परम्परा न तो बन्दरिया के मरे हुए बच्चे की तरह ढोते जाने की वाहिका है और न ही किसी लोक-लाज से अवैध नवजात को सियारों-भेड़ियों के लिए झाड़ी में फेंका गया कोई मांस-पिंड! वह न तो अन्ध मोह है न अपमान की भीरुता। परम्परा के अग्रसारण में बिल्ली के मुँह में दबे अपने बच्चे को आगे ले जाने जैसी सावधानी की दरकार होती है। कि न तो दाँत ही कस के गड़े और न ही जबड़े से बन्धन छूटे! छोड़ो मित्रो, क्षमा करो। आपके नियमित हँसी-मजाक को बेवजह मैंने इतना तूल दिया। छोटी-सी बात का बतंगड़ बनाया। आपको भरमाया और खुद देवियों के पचड़े में पड़ा। आत्म-विज्ञापन किया। इससे किसी को किसी प्रकार का क्लेश हुआ हो तो हार्दिक खेद प्रकट करता हूँ। अब आप हमारे नाम से सन्धि करें या विग्रह, आपने इस प्रथम, मध्यम और उत्तर चरित्र को अनदेखा किया या अनसुना, इसका फलाफल आप पर है। फिलहाल, तुलसी की एक अर्द्धाली सम्पुट की भाँति गुनगुना रहा हूँ—देवि, पूजि पद-कमल तुम्हारे! आपका मन हो तो हमारे सुर में सुर मिलाइए अन्यथा दंड-प्रणाम!

उस काशी को किससे उपमूँ?

मरणं मंगलं यत्र विभूतिश्च विभूषणम्।
कौपीनं यत्र कौशेयं सा काशी केन मीयते।।

जहाँ मृत्यु भी मांगलिक है, भस्म ही अलंकरण है, लँगोटी ही चीनांशुक है, उस काशी को किससे मापूँ? अर्थात् सब विधि वाम काशी नगरी की तुलना किससे करूँ? तीनों लोकों से न्यारी काशी को क्या अयोध्या, मथुरा, अवन्तिका, इन्द्रप्रस्थ या कोशल की श्रेणी में रख दूँ? ये नगरियाँ तो राजनीतिक सत्ता के वर्चस्व की भिड़न्त का अखाड़ा रही हैं। कूटनीति के दाँवपेंच की बिसात बिछानेवाली रही हैं। प्रभुसत्ता को स्थापित या विस्थापित करने का केन्द्र रही हैं। कहने को तो ये ईश्वरोपम सत्ताओं का पर्याय मानी जाती रही हैं। किन्तु इनकी दृष्टि में सदैव छत्र, सिंहासन, मुकुट, चँवर, लग्गू-भग्गू, जय-जय और शासनादेश नाचते रहे हैं। अतः काशी को इनकी श्रेणी में कदापि नहीं रखा जा सकता। वह अलग से रेखांकित करने योग्य है।

क्या योग्यता है काशी की? विद्योत्तमा है कि अपढ़ लोई? क्या मर्यादा है काशी की? वरुणा कि असी? अथवा वरुणासयोर्मध्ये वाराणसी वितिष्ठति। वरुणा और असी नदियों के बीच के क्षेत्र को ही तो वाराणसी माना जाता है। काशी कहो या वाराणसी। भारत में द्विनाम पद्धति तो चिरकाल से चली आ रही है। कौन शास्ता है काशी का? याकि यह स्वायत्तशासी नगरी है? ऐसा माना जाता है कि काशी का शासक दिवोदास था। किन्तु सत्ता-विमर्श में उसकी कोई रुचि न थी। यह निष्काम प्रजापालक था। स्वयं शिव ने दिवोदास में खोट निकालने के लिए अपने गणों और परिजनों को कई बार काशी भेजा लेकिन 'जे जे गये बहुरि नहिं आये पठवत नाहिं सन्देस।' सब-के-सब वहीं बस गये और दिवोदास जस-का-तस! वह भी पक्का शैव था तो डिगने का प्रश्न कहाँ? डिगते हैं लोग सुतेषणा से, वित्तेषणा से या लोकेषणा से। अतिशय मोहासक्ति या प्रशंसा या अच्युतता के लोभ से। लेकिन जो इनसे विचलित नहीं होता वह अडिग रहता है। उसका न तो कोई स्थानापन्न होता है,

न ही उसे कोई च्युत कर सकता है। भला, जहाँ मौत भी मंगलप्रद हो, वहाँ के जीवन में भय कैसा? जहाँ राख ही हीरा-मोती हो, वहाँ अर्थपिपासा कैसी? जहाँ का उपास्य ही निन्दा-स्तुति से परे हो, वहाँ लोकलाज का क्या कामकाज? और जहाँ सपने में भी साम्राज्यवाद न सुनाई देता हो, वहाँ कैसा राजमद?

ऐसी ऊटपटाँग नगरी मुझे मोहती है, अपनी विचित्रता के कारण और अभिभूत करती है अर्द्धनारीश्वर महादेव की कल्पना के नाते। महादेव काशी पर राज करने वाले काशीराज नहीं, बल्कि उसमें रमनेवाले काशीरमण हैं। एक बार तो मैना ने ही बेटी से पूछा कि हमारे जामाता के पास अपना भी कोई घर-द्वार, जमीन जायदाद, ठेका-पट्टा है कि घरजवाँई बन कर आजीवन हमारे इसी हिमाचल राज्य में जगहँसाई कराएँगे? शाम्भवी को भी बात चुभ गयी तो अगले ही दिन ढाई प्राणियों का डेरा भाँग की गठरी वगैरह नन्दीश्वर पर लाद कर हरे हट्ट! करता हुआ काशी में उतर गया। लेकिन शैलजा को क्या पता था कि यहीं उनकी सपत्नी गंगा भी धनुषवत् बाट जोह रही होंगी—'लोलार्ककेशवौ कोटी गंगाज्या नगरं धनुः।' अर्थात् लोलार्क-असी और केशववरुणा नामक दो सिरों के बीच ज्या (प्रत्यंचा) के समान गंगा वाली काशी नगरी धनुष है। ऐसे जगतः पितरों की काशी मुझे बारम्बार आमन्त्रित करती है। यह देखना कितना दिलचस्प है कि रघुवंश महाकाव्य के रचयिता कालिदास के उपास्य राम नहीं, बल्कि शिव हैं क्योंकि राम सत्ता के अधिक निकट हैं जबकि महादेव संस्कृति के। सीता की छवि एक सामन्ती व्यवस्था में पालित पारम्परिक स्त्री की अधिक है जबकि शिवांगी पार्वती सदैव स्त्री के उन्मुक्त वैभव के साथ असंवृत्तांगी आनेत्र होती हैं। राम साम्राज्य-विमर्श की राजनीति के केन्द्र में हैं जबकि शिव अपरिग्रह और बौद्धिक विमर्श के अछोर आयाम। उस महादेव की नगरी है यह काशी।

मैंन उस काशी के कई-कई चक्कर काटे हैं। मणिकर्णिका पर बैठ कर घंटों गुज़ारे हैं तो मुमुक्षु भवन में भी कई रातें बिताई हैं। गंगानाथ झा के छात्रावास और सम्पूर्णानन्द संस्कृत विश्वविद्यालय के कार्यालयों में पर्याप्त चहलक़दमी की है किन्तु अभी तक मुक्ति नहीं मिली। वहाँ अगस्त्य की तरह विद्यानिवास मिश्र मिले हैं, तो दधीचि की तरह चन्द्रबली सिंह, केवल अँगोछा लपेटे काशीनाथ सिंह का प्रगाढ़ आलिंगन, तो कपिलदेव द्विवेदी का सरल पांडित्य, तो रामकीर्ति शुक्ल का स्वच्छ स्नेह, बलराज पांडेय और अशोक पाठक की दहिनवार-बँवार जोड़ी, तो संकटमोचन की गदा की तरह अवधेश प्रधान से सामना हुआ है; लेकिन इस बार की काशी यात्रा में मुझ अ-शंकर के साथ साक्षात् पार्वती थीं। तुनकमिजाज, बेलौस और जितनी बार पढ़ो उतनी बार नया पाठ। स्त्री-विमर्श के प्रति अतिसंवेदनशील और लवंगलता की तरह रस ले-लेकर सेवन करनेवाली यानी कि ठीक वामा। थोड़ा दूर

बैठो तो भी 'ठीक से बैठो' और थोड़ा सट-के-बैठो तो भी 'ठीक से बैठो' की राजाज्ञा जारी। गंगा की ओर टकटकी लगाओ तो 'उधर क्या इतनी देर से देख रहे हो' और उन्हीं को निहारो तो 'इधर क्या इतनी देर से देख रहे हो?' जागने लगे तो 'नींद नहीं आ रही है क्या' और सोने की कोशिश करो तो 'अभी से चादर तानने की क्या जरूरत?' नहीं जी, बेचारी मीरा को कोई नौकरी मिल जाती तो बहुत अच्छा था लेकिन है वह बहुत लद्धड़। सविता का पति उसे बहुत प्रताड़ित करता है, अब उसे तलाक ले लेना चाहिए। राधा का अधिकारी बहुत दुष्ट है, उसे सबक सिखाना पड़ेगा। अच्छा देवि! पहले तो अपनी काशी में रात बिताने के लिए ठीहा खोजना है। फिर संसार को निरामय करना। हमारे पास नन्दी की जगह रिक्शा था। लदे-फँदे अन्नपूर्णा कालोनी की तीसरी मंज़िल पर पहुँचे और घंटी बजा दी। दरवाज़ा खोल कर ताड़पत्र जैसे प्रलम्ब हाथ और स्निग्ध मुस्कानवाले व्योम व्यायामी कवि जैसे कवि ज्ञानेन्द्रपति ने 'आइए।' कहकर स्वागत किया। आवभगत के बाद उन्होंने बताया कि दो-तीन दिनों से बिजली-पानी गायब हैं। उन्होंने कबीर कीर्ति मन्दिर के आचार्य को फोन कर हमारा परिचय देते हुए बताया कि मैं अपनी पार्वती के साथ मन्दिर का अतिथि बनूँगा।

आचार्य के व्यक्तित्व से सौम्यता और सादगी टपक रही थी। 40 के आस-पास होते हुए भी अध्ययन और साधुता के योग से वे चन्दनोपम लग रहे थे। बरामदे से उतर कर उन्होंने हमारा सहजता से स्वागत किया। बातचीत से पता चला कि वे मूलतः गुजरात के हैं। उन्होंने हमसे पन्थ, मठ, उसकी व्यवस्था और जीवन-दर्शन के बारे में विस्तार से चर्चा की। दो दिनों तक हमने 50-60 कबीर पन्थी मूर्तियों की पाँत में बैठ कर प्रसाद ग्रहण किया। मैंने सोचा लहरतारा में मिले बालक की यह और ही काशी है। इसी काशी में जड़ पवित्रता के सनातनी करपात्री जी भी थे और औघड़ कीनाराम जी भी। इसी काशी में अपनी यवन प्रेयसी के साथ पंडितराज जगन्नाथ गंगा की रेती मे रहा करते थे तो उनके धुरविरोधी द्राविड़ अप्पय दीक्षित भी। 'यवनी संसर्ग दूषित' मान कर काशी के परम्परावादी पंडितों ने जगन्नाथ को जाति बहिष्कृत कर दिया था किन्तु अन्ततः उनकी विद्वत्ता का लोहा सभी को मानना पड़ा। कहा जाता है कि जीवन के उत्तरवय में पंडितराज अपनी प्रेयसी के साथ मुँह ढँक कर गंगा की रेती में लेटे हुए थे। उधर से स्नान करके जाते हुए अप्पय दीक्षित ने व्यंग्य किया—

किं निश्शंकं शेषे-शेषे वयसि त्वमागते मृत्यौ?

जीवन की उत्तर वेला में इतनी बेफिक्री के साथ कामिनी को बगल में दबाए सो रहे हो? पडिंतराज ने मुँह से चद्दर हटाया तो पहचानने पर खिसिया कर अप्पय दीक्षित ने कहा—

अथवा सुखं शयीथा निकटे जान्ह्वी भवतः ॥

कोई बात नहीं। सुखपूर्वक सोइए पडिंतराज! आपके निकट तो पवित्रकारिणी गंगा हैं। तो गंगा सब-कुछ धो देती हैं। मन की मैल हो या तन की। वह जाति, धर्म, सम्प्रदाय आदि के तुच्छ भेदों से परे हैं। अतः गंगा का आचमन ही कर लेने दो पार्वती! मेरी पार्वती ने रात्रि-विश्राम के समय कहा कि कबीरपन्थी साधुओं का जीवन सबसे अच्छा है। न कोई मोह, न माया। सुनकर मैं चुप रहा तो पार्वती ने ऐसी मान-मुद्रा अपनायी कि दूसरे दिन रात ग्यारह बजे तक उनके पीछे-पीछे मुझे काशी की आधी परिक्रमा करनी पड़ी। गनीमत कि काशी के कोतवाल कहे जानेवाले किसी कालभैरव से हमारी भेंट न हुई।

काशी अविमुक्त क्षेत्र तो है ही, साथ ही अवर्जित क्षेत्र भी है। यहाँ कोई रोक-टोक नहीं, कोई यातायात नहीं। जिधर से जगह मिले, उधर से ही निकल लो। यहाँ प्रेम के साथ प्राणायाम भी चलता है और राग के साथ वैराग्य भी, सनातनता के ही समानान्तर प्रगतिशीलता, आस्तिकता के साथ नास्तिकता और शिक्षा के ही बगल में भिक्षा। कहा जाता है कि एक बार पुराणकर्ता व्यास ने निश्चय किया कि वे शेष जीवन काशी में ही भिक्षाटन करके व्यतीत करेंगे। महादेव ने सोचा कि लगे हाथ व्यास की भी परीक्षा ले ली जाए और उन्होंने अन्नपूर्णा पार्वती को इंगित कर दिया कि आज व्यास को समूची काशी के किसी भी घर से एक दाना नहीं मिलना चाहिए। फिर क्या था, सुबह से शाम तक व्यास टापते रहे लेकिन कहीं भीख नहीं मिली। व्यास ने सोचा कि काशी के विद्वान् विद्या के गर्व से, धनिक धन के गर्व से और कृती मुक्ति के गर्व से ग्रस्त हो चुके हैं। फिर, बुभुक्षितः किम् न करोति पापम्? भूखे व्यास ने झुँझला कर काशी को शाप दे दिया—

माभूत् त्रैपूरुषी विद्या माभूत् त्रैपूरुषम् धनम्।
माभूत् त्रैपूरुषी मुक्तिः काशीं व्यासः शपन्निति।।

क्षुधार्त और निराश व्यास पेट दबाए डेरे की ओर लौट ही रहे थे कि किसी घर की चौखट से एक स्त्री ने आतिथ्य स्वीकार करने का निवेदन किया। व्यास ने बताया कि मेरे सैकड़ों शिष्य भी भूखे हैं। गृहस्वामी ने कहा—'कोई बात नहीं।' जब मंडली समेत डकार कर उठे तब कृष्ण द्वैपायन की समझ में आया कि यह तो महादेव की ही लीला हो सकती है। साष्टांग किया तो शिव बोले—'महर्षि! यदि काशी के वासी अहंकारी हो गये तो आपने भी क्रोध के वशीभूत हो काशी को ही शाप देकर अपना संयम खो दिया। दुर्दिन में तो और धैर्य की ज़रूरत होती है। यदि किसी को वरदान न दिया जा सके तो कम-से-कम अभिशाप तो नहीं ही दिया जाना चाहिए। अन्यथा ज्ञानी और मूढ़ में अन्तर ही कितना होता है-मात्र बुद्धि-विभ्रम का ही तो।'

काशी का ध्रुव-प्राबल्य वहाँ की अनासक्ति है। बहुत विद्वता है तो भी कोई

बात नहीं, बहुत ऐश्वर्य है तो भी कोई बात नहीं, बहुत त्याग है तो भी कोई बात नहीं, बहुत प्रेम है तो भी कोई बात नहीं। कोई बात नहीं, अर्थात् सब-कुछ का साधारणीकरण। इसी सहज आकर्षण से आकर्षित होकर पार्वती के साथ पुनः पुनः वाराणसी की यात्रा होती रहती है। यहाँ राग-विराग सब बराबर हैं। अन्ततः हर कोई अकेला है। काशी की पूँजी है ज्ञान और उत्पाद है सहजता। यदि सहजता में कोई ग्रन्थि आड़े आ जाती है तो माल खोटा होगा। यानी कि ज्ञान को इतना रगड़ो और माँजो कि न वह अपने लिए कठिन हो, न औरों के लिए। यही काशी-दर्शन है—

भँवरवा! के तोहरे सँग जाई।
हाथ पकरि के तिरिया रोवैं,
माथ पकरि के माई।।

मुझ अ-शंकर की पार्वती द्वन्द्व में पड़ गयी थीं-न ययौ, न तस्थौ!

जहाँ मरण भी मांगलिक है और जहाँ के शास्ता अर्द्धनारीश्वर द्वन्द्वमूर्ति महादेव हैं, उस काशी को किससे उपमूँ?

दीयों की रात

दीपावली आलोक-पर्व है भारतीय जनमानस इसे राम के विजय-पर्व के प्रतीक से भी जोड़ने का आग्रह करता है। राम-रावण के धर्मयुद्ध में जनमानस राम की ओर है। इसलिए कि यह द्वन्द्व दो व्यक्तियों या दो राजसत्ताओं का नहीं बल्कि दो सामाजिक-सांस्कृतिक धाराओं और प्रवृत्तियों के बीच अनवरत चलनेवाला जनद्वन्द्व है। इस युद्ध में न तो कहीं अयोध्या को अधीनस्थ बना कर साम्राज्य-विस्तार की चेष्टा दिखाई देती है और न ही कभी स्वर्णमयी लंकापुरी को अपने ध्वज के नीचे लाने का कोई विचार, एक ओर अति ऐश्वर्य के अभिमान से उन्मत्त परपीडक कामरूपों की जीवन-संस्कृति है तो दूसरी ओर परदुखकातर, सहिष्णु और प्राणिमात्र से ओतप्रोत जीवन की संस्कृति। इस युद्ध में रावण रथी है तो राम विरथ। उधर से एक हिरन निकलता है तो वह भी सोने का। इस प्रकार एक जीता-जागता, सुन्दर और चंचल वन्य प्राणी एक महार्ह धात्विक कौंध में रूपान्तरित होकर सहज सौन्दर्यबोध को विडम्बना के ऐसे अतिमूल्यबोध में घटित कर देता है जहाँ ऐश्वर्य की चमक जीवन को निष्प्राण बना देने में कोई कोर-कसर नहीं छोड़ती। यहाँ लोकमानस मारीच के स्वर्णविन्यास से चमत्कृत होने के बजाय उसके छद्म और कूटरचना से खीझता ही है। ऐसी ही परिस्थितियों के बीच लोक की दृष्टि में राम न्याय पथ-प्रवर्तक के मिथक के रूप में मान्य होते हैं और रावण अन्यायी, अतिचारी और गर्वान्ध, यही मिथकीय संचेतना लोक-जीवन को राम के अनुसार कर्म में प्रवृत्त होने के लिए प्रेरित भी करती है—

रामादिवत् प्रवर्तितव्यम् न तु रावणादिवत्।

अगर जनमानस ने इसे जीवन-संस्कृति के द्वन्द्व के रूप में आत्मसात न किया होता तो नागार्जुन जैसा जनकवि 'लेनिनस्तोत्रम्' लिखते हुए वाल्मीकि के 'रामरावणयोर्युद्धं रामरावणयोरिव'—जैसे अनन्वय की तर्ज पर 'जारलेनिनयोर्युद्धं जारलेनिनयोरिव' जैसा पद लिखने के लिए बाध्य न होता। यहाँ बताने की जरूरत नहीं कि राम के प्रतीक हैं लेनिन और रावण का प्रतीक है जार।

दीपोल्लास के इस पर्व को जिस प्रकार रावणादिक प्रवृत्तियों के पराभव और रामादिक प्रवृत्तियों के विजय-पर्व से जोड़ कर देखा जाता है, वह वास्तव में प्रतिपल चलते रहने वाला प्रवृत्तिमूलक द्वन्द्व है—

'नैवं रात्रिं न दिवसं न मुहूर्तं न च क्षणम्।
रामरावणयोर्युद्धं विराममुपगच्छति॥

अतः जनमानस ने इस धर्मयुद्ध को लोकमंच की रामलीलाओं में अभिनीत करना आरम्भ कर दिया क्योंकि इस सामाजिक-सांस्कृतिक द्वन्द्व की स्मृति को सँजोए रखने के लिए वह कम-से-कम जीवन के प्रत्येक सत्र में एक बार सत्य को जीतते हुए और असत्य को हारते हुए देखने के स्वप्न से अनुप्राणित था। राम के इस विजय-पर्व से राज्यलक्ष्मी का आगमन जुड़ा था जो राजकोष में बढ़ाते निवेश के बजाय सर्वजनसुखाय थी। वह अतिचार पर टिकी स्वर्णिम राजनीतिक-सामाजिक सत्ता के बरक्स 'नहिं दरिद्र कोउ दुखी न दीना/नहिं कोउ अबुध न लच्छन हीना' से ही आह्लादित हो जानेवाली जन-संस्कृति का स्वप्न था जिसमें हताशा का काला अँधेरा छँट चुका था और चारों ओर उम्मीदों की जगमगाती हुई ज्योति थी।

उसी लोक-मानस ने दीपमालिका की अल्पना की कल्पना के लिए शरद ऋतु की अमावस की रात को चुना है। तब जब ऊपर आकाश में प्रकाश-स्रोत चन्द्रमा की किसी कला को कौन कहे उसकी कोई टूटी-फूटी वर्तनी भी नहीं दिखाई देती। सिर्फ दिखाई देते हैं नीचे धरती से आकाश में टिमटिमाते हुए तारों के असंख्य दीये। उसी की मनोहर प्रतिच्छवि की धरती पर सृष्टि करके वास्तव में उल्लास रच दिया है। कृषि-जीवन की सच्ची ऋतु शरद ही है। इस शरद से उस शरदपर्यन्त ही उसका सत्र है। धन-धान्य से सम्पन्न सुजला-सुफला धरती। श्रम से फलीभूत। शरद की इसी धन-धान्यता को ही भारवि ने शरदगुणश्रियः अर्थात शरद-लक्ष्मी कहा है। यही गृहस्थाश्रम की गृहलक्ष्मी है। ध्यातव्य है कि आश्रम-व्यवस्था में केंद्रीयता श्रम की ही है। आ समन्तात् श्रमः यस्य स आश्रमः आश्रमों में ब्रह्मचर्य और गृहस्थ ही समाज की रीढ़ है। इनमें ब्रह्मचर्य का सम्बन्ध विद्याध्ययन और ज्ञान से है तो गृहस्थ का सुख और समृद्धि से। गृहस्थाश्रम में गणेश को शुभारम्भकर्ता और बुद्धिविधाता माना गया है तो लक्ष्मी को समृद्धि के प्रतीक के रूप में। यहाँ तक कि लोक अनुष्ठानों में गणेशाभावे तु प्रतीक के रूप में गोबर के गणेश और गौर की प्राण-प्रतिष्ठा कर ली जाती है। कृषि-संस्कृति के साथ पशुधन के सहकार का यह विलक्षण आयोजन है अतः जीवन का शुभारम्भ ज्ञान और विवेक से और उसी ज्ञान से जीवन की समृद्धि। दीप-पर्व के साथ लक्ष्मीगणेशाभ्याम् के युग्म का यही संकेतार्थ है।

किन्तु जैसे-जैसे जीवन-संस्कृति का धर्मयुद्ध सत्ता की संस्कृति के चोले में

आने लगा वैसे-वैसे धर्मयुद्ध धर्मों के बीच होनेवाले युद्ध में बदल जाता है और संस्कृति का द्वन्द्व 'सभ्यताओं के संघर्ष' के प्रत्यय में परिभाषित होने लगता है, क्योंक तब सबके अपने-अपने धर्म हो जाते हैं। धर्मी और विधर्मी की श्रेणियाँ बन जाती हैं और तब धर्मान्धता एवं साम्प्रदायिकता जिस अमानुषिक उग्रता के साथ पेश आते हैं, इसके टेलर आज देश और दुनिया दोनों के सामने दरपेश हैं। उसी प्रकार न कोई धर्म, धर्म रह जाता है, न कोई द्वन्द्व, द्वन्द्व न कोई संकट, धर्मसंकट। वस्तुत: तब न धर्म का संकट रह जाता है न धर्म पर संकट बल्कि धर्म ही संकट और धर्म से संकट पैदा होने लगता है। यानि कि धर्म के बीच के कारक ही बदल जाते हैं और धर्म धन्धे की शक्ल में राजनीति या बाजार के हवाले होता जाता है। यही कारण है कि आज गणेश मंगल और ज्ञान के विधायक न रह कर 'स्किल्ड' बनाने वाले देव के रूप में तब्दील होते जा रहे हैं और पीढ़ी के पीढ़ी प्रोफेशनल्स तैयार हो रहे हैं और समृद्धि की स्रोत शरद-लक्ष्मी बेतहाशा संचित की जानेवाली चंचल पूँजी की पुंजीभूत विलास की देवी में बदलती जा रही हैं। उसी प्रकार धर्म के ये मिथकीय प्रतीक तेजी से 'तन्त्र' का हिस्सा बनते जा रहे हैं। अब ज्ञान के लिए 'श्री विनायक-यंत्र' या 'श्रीगणेशयन्त्र' और अतिसमृद्धि के लिए तान्त्रिकों द्वारा 'श्रीयन्त्र' के ताबीज मोटे पैकेजों की बदौलत मुहैया कराये जा रहे हैं। इन्हें धारण करने मात्र से बिना किसी श्रम या उद्यम के सकल विघ्नों का नाश करके आप रातोंरात मालामाल हो सकते हैं। आसमान के ये तारे तोड़ने के लिए फिल्मी-सितारे तक इसके विज्ञापन में लगे हुए हैं। इसके लिए हाथ-पैर हिलाने की भी आवश्यकता नहीं। आवश्यकता है तो भाग्यरेखाओं पर आँख मूँद कर भरोसा करनेवाले, धर्म में अन्धविश्वास रखनेवाले और बिना मेहनत के चमत्कारिक ढंग से नवकुबेर बनने का सपना देखनेवाले निकम्मों की! इसके लिए ज्ञान, तन्त्र, धर्म, मन्त्र और भरपूर समृद्धि प्रदान करनेवाले ठेकेदार मठों से लेकर चैनलों तक चमकीले आवरणों में दुकानें खोले हुए बैठे हैं।

श्रमशील और आस्थाशील उसी भारतीय जनमानस से यह अपेक्षा की जानी चाहिए कि जब भी हम धार्मिक प्रतीकों के अवलम्ब पर जीवन का कोई उत्सव मनाएँ तो अपने विवेक का प्रयोग करते हुए। दीप-मालिका के दिन लक्ष्मी-गणेश के आराधन का यही आवाहन है। आइए, हम इस दीपोल्लास का स्वागत करें। ज्ञान से और श्रम से जीवन को समृद्ध बनाएँ और जीवन के पर्वों को ऐसे मनाएँ ताकि एक-दूसरे को शुभकामनाएँ देने के योग्य बने रहे। शुभमस्तु दीपावलि:।

दिक् और काल के बीच

किसी ने कहा है कि 'सूरज पूरब में उगता है' कहने से ज़्यादा सटीक यह है कि 'जिधर सूरज उगता है वही पूरब है।' अर्थात् सूर्य किसी दिशा का बन्धक या मोहताज नहीं बल्कि उसका निर्धारक है। उसी से दिशाएँ निर्धारित और नाम्नी होती हैं। लेकिन यदि हम सूर्योदय को गौर से देखें तो वह सीधे पूर्व की दिशा के बजाय थोड़ा अगल-बगल से झाँकता नजर आता है। किंचित् दक्षिणोन्मुखी अथवा किंचित् उत्तरोनुखी। अर्थात् उगता हुआ सूरज एक साथ तीन दिशाओं का लाडला है। दक्षिण-पूर्व और उत्तर-पूर्व। ज्योतिष विद्या में इसे ही सूर्य का दक्षिणायन और उत्तरायण होना कहते हैं। कहते हैं कि वर्ष भर में छः महीने सूर्य दक्षिण दिशा की छः राशियों पर अपना प्रभाव डालता है तो शेष छः महीने उत्तर दिशा की शेष छः राशियों पर। श्रीमद्‌भगवद्‌गीता में दक्षिणायन एवं उत्तरायण का अरिष्ट काल और अभीष्टकाल इस प्रकार वर्णित है—

अग्निर्ज्योतिरहः शुक्लः षण्मासा उत्तरायणम्।
तत्र प्रयाता गच्छन्ति ब्रह्म ब्रह्मविदो जनाः।।
धूमो रात्रिस्तथा कृष्णः 'षण्मासा दक्षिणायनम्।
तत्र चान्द्रमसं ज्योतिर्योगी प्राप्य निवर्तते।।

आशय यह कि उत्तरायण के जिन छः महीनों के मार्ग में ज्योतिर्मय अग्नि, दिन का और शुक्लपक्ष का अभिमानी देवता है, उस मार्ग में मरकर गये हुए ब्रहमवेत्ता योगी उन्हीं देवताओं द्वारा ले जाकर, ब्रहम को प्राप्त होते हैं। तथा दक्षिणायन के जिन छः महीनों में धूमाभिमानी, रात्रि अभिमानी तथा कृष्ण पक्ष का अभिमानी देवता है, उस मार्ग में मरकर गया हुआ सकाम कर्मयोगी स्वर्ग में अपने सुकर्मों का फल भोगकर जन्म-मृत्यु के प्रपंच में पुनः लौट आता है। सर्वविदित है कि कुरूक्षेत्र में शर-शय्या पर लेटे हुए भीष्म समीप आई हुई मृत्यु को इसलिए वेटिंग-लिस्ट में खड़ा कर देते हैं कि सूर्य दक्षिणायन में होने से अरिष्ट काल है। अतः उत्तरायंण का अभीष्ट काल प्रतीक्षित है। जीते जी तो आदमी ग्रह-नक्षत्र

अनुकूल चाहता ही है, दुर्घट में या असमय मरना भी नहीं चाहता। मरने में भी ठीक ठाक ग्रह-गोचर के अभीष्ट काल की ही कामना करता है। अर्थात् जीने या मरने से भी अधिक वांछित और श्रेयस्कर है अभीष्ट काल। हर प्रकार से अनुकूल समय। किन्तु हम आज जिस समय में साँस ले रहे हैं वह दुर्घट और असमय मृत्यु का प्रतिकूल समय है। प्रकारान्तर से मृत्यु की प्रतिकूलता ही जीवन की प्रतिकूलता है। यदि मृत्यु अन्तिम सत्य है तो प्रारम्भिक सत्य है जीवन। और जीवन के ही ग्रह-नक्षत्र इतने डगमगाए हुए हैं कि जिसे जहाँ होना चाहिए वह वहीं के अलावे हर जगह है। जिसे जो करना चाहिए वह कुछ और कर रहा है। अल्ट्रासाउंड व्याधियों को चिह्नित करने के बजाय भ्रूण परीक्षण में जुटे हैं। कपड़े तन ढकने के बजाए झंडे बन रहे हैं। शुक्र और चन्द्रमा प्रेम के बजाय ऑनर किलिंग को उकसा रहे हैं। अनाज क्षुधातुरों का पेट भरने के जगह गोदामों में सड़ रहे हैं, धूमाभिमानी, रात्रि और कृष्णपक्ष अभिमानी देवताओं से आक्रान्त बारहों महीने सूर्य दक्षिणायन में है जबकि बचे हुए पेड़-पौधे प्रकाश-संश्लेषण से अपना भोजन बनाने के लिए उत्तरायण की प्रतीक्षा में रो रहे हैं। पूर्वजन मरने के लिए भी अभीष्ट काल की प्रतीक्षा में है जबकि उत्तरजन जीने के ही अनिष्ट काल में हाँफ रहे हैं। फिर भी पूरा है विश्वास कि 'माघ मकरगत रवि जब होई' तब कर्ज-कुआम लेकर, झोरा-बोरा ढोकर, रेती में सोकर तीर्थपति प्रयाग में संगम की डुबकी से सारे पाप कट जाएँगे। पुण्यकाल का उदय होगा। सूर्य क्रमशः तेजतर होगा और ऋतु वसन्त की आहट मात्र से सब कुछ मधुमय हो जाएगा। चैन और सुख की नींद सोने लगेगी यह सृष्टि।

इस सृष्टि की आँख पूरब में ही खुलती है। इसे मानने के लिए पश्चिम भी बाध्य है। लेकिन पूर्व-दिशा में उगते उस सूर्य का पता-ठिकाना खोजने के अभियान और अभिमान में यदि आप उदयाचल की चोटी रौंदने लगें तो सूरज उससे भी पूरब खिसक जाएगा। यानि कि सूर्य पूर्वापूर्व है। वह हमारी पकड़ से बाहर किन्तु साक्षात् बरकरार है। उसे पकड़ने का हर प्रयास आत्महन्ता लेकिन उसे देखने की जरूरत हर साँस को है। कुछ उत्तर-दक्खिन होना उसकी गतिकी में शामिल है। राशियों की संक्रान्ति के चक्कर में भी वह कदाचित् आ सकता है। फिर भी वह पृथ्वी लोक से-हमारे भूगोल से-सर्वाधिक प्रत्यक्ष सम्बन्ध बनाने वाला सौरमंडल का शिरोमणि है। उसने इस पृथ्वीलोक को इतना दिया है जिसकी बदौलत यहाँ के निवासी आनन्दपूर्वक जीवन जी सकते हैं। लोग अपने लिए हलकान रहते हैं। अपने कुटुम्ब के लिए चिन्तित रहते हैं। अपने समाज के लिए व्यग्र रहते हैं। स्वजाति के लिए बेचैन होते हैं। सगोत्रीय-प्रेम और संयोग के दिन भी नातिदूर हैं। ऐसे अपनी-अपना के दिनों में भला अपने गोल को छोड़कर दूसरे गोल के लिए, अपने लोक के अलावे दूसरे लोक के लिए दिशा-दिशा, अयन-अयन, राशि-राशि चक्कर काटता हुआ उत्तरायण

के सौम्यायन में पहुँच जाने का द्राविड़-प्राणायाम कौन करना चाहता है? लेकिन सूर्य है कि खगोल से भूगोल को धन्य कर रहा है, धीरे-धीरे रात को छोटा और दिन को बड़ा कर रहा है, खरमास को वरमास में बदल रहा है, कोई पंचांग उठाए या कैमरा। ऋतुसंहार लिखे या जातक का भाग्यफल। ज्योतिषी बने या भविष्यवक्ता। कवि बने या किसान। संक्रान्ति को रक्तक्रान्ति समझे या श्वेतक्रान्ति या हरितक्रान्ति। भूगोलविद् हो जाए या खगोलविद्। पर्व हमें ऐसे ही क्रान्तिक परिवर्तनों के अवसर उपलब्ध कराते हैं। इन अवसरों से चूक जाना हमारे पर्वों की निस्सारता नहीं बल्कि हमारे मनों में बैठे आदित्य का दक्षिणायन हो जाना अथवा खगोल में विचरते पारस्परिक आकर्षण-विकर्षण से ज्योतित नक्षत्रों को अपने कमरों में बल्ब की तरह टाँग लेने की महत्वाकांक्षाओं की अहम्मन्यता का राशिफल है।

लेकिन पितामह लोग भले ही ग्रह-नक्षत्रों के अन्धविश्वासी रहे हों, मरने के वक्त भी अभीष्टकाल की प्रतीक्षा में घटकाए बैठे हों, दर्जन भर राशियों के भरोसे स्वर्गवास के मोह में फँसे हों किन्तु वंशज लोग उन ग्रह-नक्षत्रों पर अब राज करने को ठाने हुए हैं। चन्द्रमा पर कदम रख चुके हैं। मंगल का दौरा कर आए हैं। अन्तरिक्ष की प्लाटिंग में जुटे हुए हैं। प्रदत्त भूगोल से असन्तुष्ट हैं। वह भी सिर्फ दो राशियों की बिना पर। सदिश और अदिश। वेक्टर और स्केलर। चर और अचर। वैरियेबुल एंड कान्सटेंट। उनकी काल की भी अवधारणा बदली हुई है और दिक् की भी। वे न सूर्य को काल-निर्धारक मानना चाहते हैं, न पूर्व को प्रारम्भिक दिशा। वे खगोल-भूगोल एक कर देने पर आमादा हैं। उन्होंने सूर्य की ओर आकाश में देखने के बजाय धरती में गड़े चुम्बक को पकड़ लिया है। उस सबसे बड़े चुम्बक को जिससे हमारे विज्ञानसम्मत समय ने दिशा-निर्देश लेना शुरू कर दिया है। है न उलटी गिनती शुरू? कहाँ गगन-मंडल में विचरता सूर्य और कहाँ धरती में गड़ा चुम्बक! लेकिन यह चुम्बक एक मुर्दा आकर्षण है जिसका दक्षिणी ध्रुव उत्तर की ओर और उत्तरी ध्रुव दक्षिण की ओर है। इसका सत्यापन हम कहीं भी अपनी जेब से दिक्सूची की डिबिया निकालकर कर सकते हैं। डिबिया की दिक्सूची पर अंकित N (नार्थ) और S (साउथ) की दिशा से धरती में गड़े चुम्बक की शवसाधना समझते हमें देर नहीं लगेगी। अर्थात् हमारे आधुनिक काल की प्रमुख दिशा है उत्तर। यह एक नये तरह का उत्तरायण है जिसमें कुछ भी पूर्वाभिमुख नहीं प्रत्युत् सब कुछ उत्तराभिमुख है। सिर्फ उत्तर-दक्षिण तक महदूद इस दिशा-क्रम में दिग्भ्रम होने से दिशा, विदिशा हो सकती है और विपरीत ध्रुवीय चुम्बकीय आकर्षणों की कसौटी पर खरा उतरने के लिए लोहा बन जाना ही एकमात्र अर्हता। सावधान कि कबाड़ी गली-गली घूम रहे हैं!

हकीकत यही है कि हर कोई घूम रहा है। कोई घूर्णन गति से तो कोई पलायन

वेग से। कोई कुर्सी पर तो कोई पार्क में। कोई धरती पर तो कोई अन्तरिक्ष में। कोई अपने कक्ष में तो अपनी कक्षा में। कोई अपने अक्ष पर कोई अपने पक्ष पर। पर हर कोई इतना आत्मकेन्द्रित है कि दूसरी ओर देखने की न किसी के पास फुर्सत है न जरूरत। क्योंकि यह उत्तर आधुनिक काल है, पूर्व पौराणिक काल नहीं। इसकी निर्दिष्ट दिशा उदीची है, प्राची नहीं। इसके अभीष्ट काल के संयोजक वियोजक तकनीक और यान्त्रिकी हैं, ग्रह-गोचर नहीं। इसमें दो राय नहीं कि वैज्ञानिक तर्कपद्धति ने मनुष्य और उसके जीवन को आदिमता की कूप-मंडूकता से बहुत कुछ उबारा है और नित नये सन्धानों ने उसकी भौतिक दुरूहताओं को काफी सुकर बनाया है किन्तु दूसरी ओर उसकी महत्वाकांक्षाओं से उपजी अति-यान्त्रिकता के घमासान ने इतना कामकाजी, इतना निजी, इतना प्रकृतिद्रोही और इतना उड्डयनशील होने को विवश किया है जैसे वास्तव में वह पृथ्वी का अनिवासी हो। उसे जंगल, नदी, पहाड़, जमीन सब कुछ लूटकर किसी और ग्रह पर चले जाने की हड़बड़ हो। लेकिन उसके इस अभियान में एक ग्रह अभी रोड़े की तरह अपवादस्वरूप चमक रहा है। वह इतना तेजस्वी है अभी भी कि उस पर कदम रखने को कौन कहे, नजरें भी मिलाना मुश्किल है। वह अपनी प्यारी पृथ्वी के सौभाग्य की तरह अन्तरिक्ष से चौकसी कर रहा है। वह पृथ्वी का निर्माता भले ही न हो लेकिन उसने इस पृथ्वी को रहने योग्य अवश्य बनाया है। किसी के पास सब कुछ हो सकता है लेकिन एक ऐसा अभाव अवश्य होता है जिसके बगैर वह अपूर्ण रहता है और इस अपूर्णता की प्रतिपूर्ति की कुंजी सदैव किसी दूसरे के पास ही होती है। पृथ्वी के पास सब कुछ है लेकिन यदि सुदूर अन्तरिक्ष न होता, अन्तरिक्ष में चमकता सूर्य न होता, सूर्य भी होता और वह मनुष्य की मुट्ठी में होता तो शायद यह धरती महाश्मशान हो चुकी होती। अभी गनीमत है कि इतने आयत ब्रह्मांड को, प्रकृति के विस्तार और वितान को निरन्तर छोटा करने में भिड़ा आदमी पूर्णकाम नहीं हो सका है। मनुष्यकृत कोई भी उपग्रह अभी सूर्य के इर्द-गिर्द तक फटकने के बारे में सोच नहीं सका है। इसे हम मनुष्य का दुर्भाग्य नहीं बल्कि सौभाग्य समझते हैं। कोई भी शब्द गढ़नेवाला उस महातेज भुवन भास्कर के अनन्त पर्याय लिखकर पूरा भाषा-भास्कर तैयार कर सकता है। कोई भी खिलाड़ी मन के मैदान में उसे वॉलीवाल की तरह हाथों में उछाल या फुटबाल की तरह किक कर सकता है। कोई भी कवि उसके स्तवन में सूर्यशतक लिख सकता है। कोई भी ज्योतिषी उसे धनु से मकर पर, याम्यायन (यम की दिशा, दक्षिण) से सौम्यायन (सोम की दिशा, उत्तर) की ओर मोड़ सकता है लेकिन कोई भी ब्लैक होल अपनी महाप्रयोगशाला में सूर्य को ठंडा नहीं कर सकता। अन्तरिक्ष से चैकीदारी करता सूर्य देख रहा है कि उसके द्वारा आवास योग्य बनाई गयी धरती को महत्वाकांक्षा की लोलुपता उजाड़ने पर तुली हुई है। इसलिए वह इस राशि से उस

राशि पर, उस राशि से उस राशि पर—मीने सूर्यः, कुम्भे सूर्यः, कन्यायाँ सूर्यः, सिंहे सूर्यः—होता हुआ मकरे सूर्यः पर पहुँच रहा है। सूर्य जहाँ भी पहुँच रहा हो लेकिन उसके चलते शिशिर की ठिठुरन घट रही है, नवोष्मा की आहट मिल रही है, दिनमान प्रलम्ब हो रहा है, कुहरे से धूमायित दिन बीत रहे हैं। अभीष्ट काल उपस्थित हो रहा है। वही अभीष्टकाल जिसे अपनी आस्था और विश्वास के चलते पितामह भीष्म ने महाप्रस्थान के पूर्व मृत्यु को भी प्रतीक्षा करने के लिए बाध्य कर दिया था। यदि कवि-प्रमाण कोई प्रमाण हो तो 'कुरूक्षेत्र' के कवि दिनकर इसके साक्षी हैं—'हाथ जोड़ मृत्यु खड़ी रही शास्ति मानकर।' हम तो मानते हैं और हाथ जोड़कर मकर संक्रान्ति के इस नये सूर्य को नये विश्वास से नमन करते हैं क्योंकि जिधर सूरज उगता है वही हमारी दिशा है और जब से उगता है वही अभीष्ट काल! आप मानें न मानें लेकिन मनुष्य के अपने सन्धान हैं तो प्रकृति के अपने रहस्य।

आस्था के उपद्रव

पड़ोसी और पड़ोसी देशों की ही तरह पड़ोसी जनपद भी होते हैं। अब हमारा जनपद बस्ती भी गोरखपुर का पड़ोसी हो गया है। पहले यह वृहत्तर गोरखपुर के ही अन्तर्गत था। विभाजन के बाद बस्ती मंडल बन चुका है और यह भी तीन विभाजन झेल चुका है-सिद्धार्थनगर, सन्त कबीर नगर और बस्ती, बस्ती ही रह गया है जिसे कभी भारतेन्दु जी ने—'बस्ती को बस्ती कहूँ, काको कहूँ उजाड़' कहकर इसके बोहेमियन रूप को रेखांकित किया था। खैर, पड़ोसियों के बीच एक सीमा-रेखा भी होती है और वह अलंघ्य होती है। इसके इधर-उधर एक चींटी भी पैर रख दे तो तू-तू, मैं-मैं से लेकर लाठी-डंडा तक निकल सकता है। पर पड़ोसी और पड़ोसी के बीच प्यार और अपनापा भी सबसे प्रगाढ़ होता है और टक्कर भी। इस भूमध्य रेखा में कभी भी 36 का आँकड़ा 63 में बदल सकता है और 63 का 36 में। क्योंकि हम जानते हैं कि रेखा में कोई मोटाई या चैड़ाई नहीं बल्कि सिर्फ लम्बाई होती है ओर वह इतनी बारीक तथा पारदर्शी होती है कि इधर का सब कुछ उधर को और उधर का सब कुछ इधर को पता रहता है। पड़ोसी पहले पट्टीदार होते हैं और उसके भी पहले संयुक्त परिवार। सो, अब बस्ती और गोरखपुर पड़ोसी हो गये हैं और इसी पड़ोस-न्याय से कभी कभार गोरखपुर आना-जाना पड़ता है।

जो भी हो, पिछड़ेपन, उजाड़ और अचिह्नित होने के बावजूद बस्ती केन्द्र में है। इसके चौतरफा अयोध्या, कपिलवस्तु, कुशीनगर, गोरखनाथ और मगहर हैं। और ये सभी 100 से 150 किमी. की परिधि में हैं। कभी-कभी कुंठा से खीझकर सोचता हूँ कि अनाम और बदनाम बस्ती का नाम आचार्य रामचन्द्र शुक्ल नगर रख दूँ। सोचता तो यह भी हूँ कि बस्ती में कोई जंगल, पहाड़, पठार, मरुभूमि या कोई नदीं क्यों नहीं है? यहाँ कोई क्रांतिकारी, स्वतन्त्रता संग्रामी, कायदे का राजनेता, विचारक, कोई प्रभावशाली संगठन, संस्था, कोई अग्रणी महिला, समाजसेवी या कोई ठीक-ठाक पागल ही क्यों नहीं हुआ अब तक कि बस्ती की किसी तरह की पहचान बन पाती? क्या भौगोलिक सपाटता से समाज भी सपाट हो जाता है और

सामाजिक सपाटता से वैचारिक सपाटता आ जाती है? सच है वैचारिक उथल-पुथल के बिना कहीं का कोई इतिहास सम्भव नहीं होता। लेकिन अभी दो तीन साल पहले ही बस्ती के मुंडरेखा कस्बे में भारतीय किसान यूनियन के संगठित विद्रोह में तीन किसान गन्ना आन्दोलन में शहीद हो गये जिसकी गूँज पूरे देश में सुनाई दी। हाल ही में कथाकार गिरिराज किशोर ने एक मुलाकात में कहा कि पूरे देश में बस्ती ही एक ऐसा स्टेशन दिखाई पड़ा जहाँ साहित्यकारों का जीवन परिचय दिया गया है तो सुनकर मन में कुछ झुरझुरी हुई कि चलो बस्ती भी उतना अधम नहीं जितना कि लोग समझते हैं। आखिर यह भी तो गोरखनाथ की नगरी का पट्टीदार और अब पड़ोसी है। इन दोनों के बीच में कोई है भी तो कबीर का मगहर। और जिसके बीच में कबीर हों वह क्षेत्र भला कितनों दिनों तक वैचारिक उथल-पुथल से अछूता रह सकता है? वहाँ कोई न कोई उल्टी हवा तो देर-सबेर चलनी ही चलनी है—वह भी आंधी, पानी और झकोरों के साथ।

सुनता हूँ कि इन दिनो गोरखनाथ की नगरी गोरखपुर का सांस्कृतिक-साहित्यिक तापमान कुछ बढ़ा हुआ है। जीव-जन्तु से लेकर पशु-पक्षी, प्रकृति और लोग इसकी चपेट में हैं। ऐसे हलचल भरे वातावरण में नामी गिरामी लोगों से लेकर कुत्ते तक प्रतिवाद करने को आमादा हैं और बुद्ध के दुखों की हाट खोलकर बैठे हैं। खुशगवार ठंडी हवाएँ सहलाते हुए दिल में उतर जाने के लिए मचल रही हैं। इन्हें किसी दिन बाँहों में भर लेना होगा। मित्रता के मेघ उमड़ रहे हैं। धान के किशोर खेतों में श्यामलता पूरी उठान पर है। पर कुकुर झौं-झौं से बचना है क्योंकि अस्पतालों से रैबीज के इंजेक्शन फरार हो चुके हैं और इन्सेफेलाइटिस ने सैकड़ों मासूमों को मौत की नींद सुला दिया है। विधायकों के वेतन भत्तों में वृद्धि का प्रस्ताव मन्त्रिमंडल ने पारित कर दिया है किन्तु मस्तिष्क ज्वर को नियन्त्रित करने के लिए सरकारी खजाने की चाबी कहीं खो गयी है। ऐसे दुर्दिन में आते-जाते हुए 'कुत्तों से सावधान' बोर्ड कई जगह पढ़ने को मिलते हैं तो सहम जाता हूँ। किसी ने ठीक ही लिखा है—काटे चाटे स्वान के दुहूँ भांति विपरीत। कुत्ते प्रेमवश चाटते हैं और क्रोधवश काटते हैं। मैं क्या चटाऊँगा और कहाँ कटाऊँगा? दोनों ओर से बंटाधार है। अतः गोरखपुर जाते-आते भैरव से बचने के लिए 'जाग मछन्दर (मत्स्येन्द्रनाथ) गोरख आया' को मन्त्र की तरह बुदबुदाता हूँ। बार-बार प्रीति और भय से भरा हुआ गोरखपुर जाता हूँ जिसके दो किस्से आपको सुनाता हूँ।

गोरखपुर में कई ब्रांड के मित्र हैं। मधु छाप, कपास छाप, बरगद छाप, बन्दर छाप, शीतल जल छाप, तेल छाप, गोबर गणेश छाप, उमा महेश छाप इत्यादि। मधु छाप मित्र की प्रगाढ़ता और माधुर्य से किसी तरह निकलकर, बातों से ही पेट भर देने वाले शीतल जल छाप मित्र के यहाँ पहुँचना लाजिमी है। उनके प्रेम प्रवाह के आगे

आप कभी टिक नहीं सकते। तेल छाप मित्र इतने चिकने ढंग से चिपक जाते हैं कि कोई भी डिटर्जेंट उन्हें छुड़ा नहीं सकता। कपास छाप मित्र अपनी शुभ्रता में निर्लिप्त मिलेंगे। गोबर गणेश छाप मित्र कहीं भी लीद कर सकते हैं। बरगद और बन्दर छाप मित्रों का नेचर तो सर्वविदित है ही। जमाने के लिहाज से कुछ इंटरनेट छाप मित्र भी विकसित हो रहे हैं और गाँवों से अपना तार जोड़ने में लगे हैं। तो भइया, शाम के पाँच बजे शीतल जल छाप मित्र से पिंड छुड़ाकर वतन के लिए बस पकड़ने स्टेशन पहुँचा। यहाँ से घर कोई सत्तर किलोमीटर दूर। और मुंडरेवा कस्बे से दस किलोमीटर साइकिल घसीटने के अलावा कोई उपाय नहीं और आठ-साढ़े आठ बजे रात के पहले पहुँचने का कोई प्रश्न भी नहीं। यह समय नौ-साढ़े नौ तक भी हो जाता है। बस स्टेशन पर लगभग सन्नाटा है। बसें जहाँ-तहाँ इस तरह खड़ी हैं जैसे सबको लकवा मार गया हो। या तो सबका डीजल एक साथ खत्म हो गया हो या सबके इंजन एक साथ बिगड़ गये हों। यह भी हो सकता है कि परिवहन विभाग के कर्मचारियों ने कोई हड़ताल कर दी हो। चैराहे पर डंडा चटकाते कुछ वर्दीधारी और निराश तथा हैरान दिखाई देते कुछ फुटकर मुसाफिर। छह बज रहे हैं। मुंडेरवा के लिए जानेवाली इकलौती पैसेंजर ट्रेन भी छूट चुकी होगी। पता करने पर चलता है कि राजघाट पुल पर रास्ता जाम है क्योंकि आज पूर्णिमा है और दुर्गापूजा की मूर्तियों का विसर्जन है। अब क्या हो? तब तक कहीं से पोसे हुए कुत्ते की तरह एक टैक्सीवाला 'कबीरनगर' चिल्लाता हुआ प्रकट हुआ, बोरों की तरह सवारियों को ठूँसा, पुलिसवाले की मुट्ठी में कुछ पकड़ाया, गेयर लगाया, चोर रास्ते से टैक्सी उड़ाया, बाईपास पहुँचा, अगल बगल झाँका और किसी तरह आगे न निकल पाने का तिकड़म देखकर कुछ सात्विक गालियाँ बकता हुआ सवारियों को पुनः बस स्टेशन वापस लाकर सुरक्षित छोड़ गया। टैक्सी का वरिष्ठ उपमुख्य महापरिचालक अर्थात् क्लीनर एक दस-बारह साल का लड़का था। उसने गुटखे की दो पुड़िया दाँतों से फाड़ीं और एक ही साथ अपने गलफड़े में झोंक लिया। इस अवस्था में उसका जूजू पता नहीं क्या कर पाता लेकिन मुँह से उसने कई नाजायज सम्बन्ध बना डाले। सवारियों में कुछ महिलाएँ थीं जिनके साथ क्लीनर की ही उम्र के बेटे-बेटियाँ भी थीं। वे महिलाएँ उसके शरीर-विज्ञान के ऐसे विश्वसनीय अनुभवों को अनसुना करती हुई अपनी अटैची-फटैची सँभाले हुए सड़क के किनारे जा लगीं। सवारियों की निराशा दुगुनी हो गयी। परेशान और हैरान हिन्दू सवारियाँ चुप थीं क्योंकि मामला अपने धर्म से जुड़ा था। मुस्लिम सवारियाँ भी चुप थीं क्योंकि मामला दूसरे धर्म से जुड़ा था। पर दोनों तरह की सवारियाँ भीतर से क्षुब्ध थीं जिसकी झलक उनके चेहरों पर साफ दिखाई दे रही थी। आस्था जब उपद्रव में बदल जाती है तो जनजीवन अस्त-व्यस्त हो जाता है। सब कुछ शान्त-शान्त दिखने वाले माहौल में निरन्तर शान्ति-भंग की

आशंका बनी रहती है। व्याकुल जीवन और बन्द जुवान की फलश्रुतियाँ शुभंकर नहीं हो सकतीं। उत्सव और उन्माद के बीच कोई जुगलबन्दी सम्भव ही नहीं। आखिर वे कौन-से तत्व हैं जो दुर्गापूजा और भक्ति को उच्चाटन और मारण में बदल देना चाहते हैं? योगिराज गोरखनाथ की नगरी में भक्ति और शक्ति का भयावह प्रदर्शन क्यों हो रहा है? अब क्या करूँ? लौटकर गोरखपुर में किसी मित्र का दरवाजा खटखटाने से अच्छा है कि रेलवे स्टेशन के मुसाफिरखाने में ही रात गुजारी जाय।

मुसाफिरखाना खचाखच भरा हुआ था। जाने कितने पैरों के नीचे जाने कितने सिर थे। बस स्टेशन से बैरंग लौटी हुई अधिकांश सवारियाँ यहीं शरणार्थी बनकर डटी हुई थीं। किसी तरह फर्श पर आधा अँगोछा बिछाकर शरीर को भी आधा बनाते हुए सिरहाने बैग रखकर पीठ सीधी करने लगा। दस मिनट भी नहीं बीते होंगे कि किसी को भी चैन से न रहने देने के लिए कृतसंकल्प पुलिस के दो मुस्टंडे कभी पीठ और कभी फर्श पर डंडे खटकाते हुए मुसाफिरखाने मे आ धमके। 'उठो, हटो, उधर जाओ, रास्ता खाली करो, भागो, यह सोने की जगह नहीं है' जैसे फरमान के साथ मेरे बैग पर भी एक डंडा खटका। मैं उठकर बैठ गया और सोचने लगा कि नरक में भी ठेलमठेला है! तब तक बगल में आठ-नौ साल के किसी लड़के ने कै कर दिया। वहाँ से अँगोछा फटकारते हुए मैं उठा और किसी दूसरे कोने की तलाश में आगे की ओर निकलकर फिर डेरा डाल दिया। मच्छरों के प्रकोप से झपकी उचट जाती थी। हर कोई अपना कोई न कोई अंग खुजला रहा था। सोचने लगा कि बीस-पच्चीस वर्ष पहले गाँवों में भी डी.डी.टी. का कभी छिड़काव हो जाता था। लेकिन जब से अपना देश विकसित देश बनने की होड़ में शामिल हो गया है और विश्व स्वास्थ्य दिवस मनाया जाने लगा है तब से डी.डी.टी. के छिड़काव को कौन कहे लेटे हुए आलसियों के मुँह में अब कुत्ते भी पेशाब करने नहीं जाते। अलबत्ता जनसंख्या वृद्धि में देश ने दुनिया को पीछे छोड़कर कीर्तिमान स्थापित कर लिया है। आधे घंटे में ही फिर पुलिसवाले का अभियान जोरों पर था। सबको बेचैन करने में ही वे अपनी बहादुरी और अधिकार अकृपण भाव से खर्च कर रहे थे। वे चेतक की तरह जिधर मुड़ते उधर लाचारी की बरसा होने लगती। हर कोई सहमकर उठ और सिकुड़ जाता। मेरे समीप पहुँचकर उन्होंने पीठ में डंडा कोंचा और बोले—चलो उठो यहाँ से। मैं अबकी बार अकड़ गया—'कहाँ जाऊँ?' वहाँ लेटा था तो आप लोगों ने वहाँ से उठा दिया। मेरा गोरखपुर में कोई घर तो बना नहीं है और होटल में किराया देकर तो रह नहीं सकता। अब मुसाफिरखाने में भी नहीं रहने दीजिएगा?' मेरा जवाब उन्हें अवज्ञा की तरह अखर गया। वे बोले-'चलो थाने में। अभी बन्द करके सारी अक्ल घुसेड़ दूँगा।' उठकर मैं उनके पीछे-पीछ चल पड़ा। प्लेटफार्म के किनारे पर रेलवे पुलिस बल का थाना था। जिस पर 'परित्राणाय साधूनाम् विनाशाय च

दुष्कृताम्' वाला गीता का श्लोक मोटे-मोटे अक्षरों में दूर से ही दिखाई दे रहा था। कुर्सी पर विराजमान मोछू दारोगा ने पूछा-'क्या बात है?' मैने कहा-'साहब, मैं एक जगह बैठा था वहाँ से इन लोगों ने उठा दिया। फिर दूसरी जगह से खदेड़ दिया। अब मुसाफिरखाने से उठकर कहाँ चला जाऊँ? ऊपर से ये फरमाते हैं चलो थाने में तो मैं चला आया।' दारोगा पसीजा। उसने कहा—'जाइये, जाइये। आप तो पढ़े-लिखे समझदार आदमी लगते हैं।' अपनी समझदारी लिए-दिए मैंने फिर उसी जगह जाकर आसन जमा लिया। रात के तीन बजे बगल में जोरों से हल्ला हुआ। उठकर फिर बैठा तो पता चला कि एक आदमी किसी औरत के गले से चेन खींच रहा था। औरत जाग गयी और उसका हाथ पकड़ ली। उसके पति ने भी उठकर उसे पकड़ लिया। खूब धुनाई हुई। तब तक पुलिस वाले गश्त करते हुए फिर आ पहुँचे। उन्होंने उचक्के को हल्का-फुल्का दो-तीन झापड़ लगाया और थाने ले जाने की बजाय मुसाफिर खाने के बाहर ढकेलते हुए बोले-चल भाग यहाँ से। उसने आदेश का पालन किया और लोग देखते रह गये।

किसी तरह सुबह हुई और खबर मिली कि जाम खुल गया है। बस स्टेशन पहुँचा तो घिर्र-घिर्र करती हुई बसें पुन: जीवित हो उठी थीं। आँख मलते हुए यात्री फिर से मँडराने लगे थे। बस्ती डिपो की बस राजघाट पुल पर पहुँची तो नीचे राप्ती नदी के जल में विसर्जित की गयी प्रतिमाएँ लावारिस लाशों की तरह डूब उतरा रही थीं। उसके तट पर शवदाह के लिए रुके लोगों ने बारह घंटे बाद चिताओं को जोड़ने का आयोजन शुरू कर दिया था। मुझे याद आ गयी-धीरे धीरे पाँव हिलाओ, जल सोया है, छेड़ो मत। एक दिन हम सब अपने दीये, यहीं सिराने आएँगे।

दुनिया हो न हो लेकिन हिन्दुस्तानी पक्के भुलक्कड़ होते हैं-चाहे उनके सिर पर लाल टोपी हो या पैरों में जापानी जूते। वे अपनी पिछली यातनाओं को तो तुरन्त भूल ही जाते हैं ऊपर से अव्यवस्था के भी शिकार होते हैं। यहीं तितर-बितरता उन्हें बार-बार गर्क में डालती रहती है। अब मुझे ही देखिए। चश्मा रखने के पाँच ही मिनट बाद चश्मा कहाँ है? को लेकर हंगामा कर देता हूँ और रोजाना घर वालों से 'गोद में बच्चा, गाँव भर में गोहार' का मुहावरा सुनता रहता हूँ। तुरन्त ही कोई चश्मा पकड़ाते हुए महाभुलक्कड़ घोषित कर देता है। हद तो तब हो गई जब मैं अगले साल फिर पूर्णिमा को ही गोरखपुर में टपक पड़ा हूँ। क्योंकि यहाँ पूर्णिमा को ही मूर्ति विसर्जन किया जाता है। एक ही साल में इतना कटु अनुभव विस्मृत कर गया? कितने ही तो नये-नये 'दिवस' दुनिया में मनाए जा रहे हैं और मुझे गोरखपुर का वह विसर्जन दिवस ही नहीं याद रहा? धिक्, धिक्! वैसे याद रहने और भूल जाने के भी अपने कारण और मनोविज्ञान होते हैं। जिसमें जिसकी जितनी निष्ठा होती है उतना ही वह उसे याद रखता है और जिसके प्रति कोई लगाव नहीं होता उसे सद्य:

भूल भी जाता है। प्रदर्शनप्रिय लोगों को ही प्रदर्शन में दिलचस्पी होती है। आजकल उत्सव और भक्ति भी शक्ति, वैभव और उन्माद के लम्पट प्रदर्शनों में रूपान्तरित होते जा रहे हैं। लेकिन हाय रे पड़ोस-प्रेम, मित्र-माहात्म्य और पट्टीधारी! जिससे वशीभूत होकर गोरखपुर फिर आना हुआ और यह भी सुधि न रही कि कब और कहाँ आना-जाना चाहिए। तो आज पुनः वापस आने के लिए शाम चार बजे गोरखपुर बस-स्टैंड पर पहुँचकर बस्ती डिपो की बस पर चल पड़ा हूँ लेकिन रुस्तमपुर ढाले के आगे पहुँचते-पहुँचते बस खड़ी हो गयी क्योंकि आगे रास्ता जाम है। आज फिर मूर्ति विसर्जन है। हमारे पीछे भी सैकड़ों गाड़ियों की लम्बी कतार खड़ी है। अगल बगल से किसी तरह दुपहिए निकल रहे हैं। अब यहाँ से न आगे बढ़ा जा सकता है, न पीछे लौटा जा सकता है। रेलवे स्टेशन भी यहाँ से तिब्बत की तरह है। और पिछले साल के मुसाफिरखाने का अनुभव रोंगटे खड़ा कर देनेवाला है। अब-तब में पाँच, छह, सात, आठ और अब नौ बजने को हैं। रास्ता खुलने की कोई उम्मीद नहीं। बस में पूरी उमस है। मच्छर काट रहे हैं। गोद में शिशु रह-रह कर चिल्ला रहे हैं। कुछ लोग चाय, पानी, पान, सिगरेट के बहाने इधर-उधर कर समय काट रहे हैं। अखबारों से पंखों के काम लिए जा रहे हैं। लेकिन यह सब कितनी देर तक? ऊब और निराशा से लोग बस में ही शरण लेते हैं। बगल की पटरी प्रतिमाओं के लिए खाली है। पीछे से ट्रेक्टर की ट्रालियों और ट्रकों तथा ठेलों पर लदी प्रतिमाओं के साथ हुल्लड़ करते तथाकथित भक्तों की कनफोड़ 'जय माता जी' हर मिनट पर लाउडस्पीकरों से तुमुल कोलाहल में बदल रही है। बसों की खिड़की के पास बैठी महिलाओं को देखकर ट्रकों और ट्रालियों के भक्तजन पूरी अभद्रता के साथ छींटाकशी और अट्टहास करते हुए आगे निकल जाते हैं। कुछ अन्धभक्त सवारियाँ प्रतिमाओं के आगे सिर झुकाकर हाथ भी जोड़ लेती थीं। लेकिन जब सिर और हाथ भी थक गये तो धीरे-धीरे श्रद्धा भी शिथिल पड़ने लगी। प्रतिमाएँ ही प्रतिमाएँ। लोग भी प्रतिमाओं में ही तब्दील हो चुके थे—जीवित प्रतिमाओं में।

हर दो-चार प्रतिमा के पीछे युवकों से भरी एक खुली जीप लगी रहती थी। जीप से-'पूर्वांचल में रहना है तो योगी-योगी कहना है' के दहशत भरे नारे समूचे वातावरण को थर्राकर शान्ति भंग के परचम लहरा रहे थे। अर्थात् जो 'योगी-योगी' का जाप नहीं करेगा और उस ध्वज को प्रणाम नहीं करेगा उसे पूर्वांचल से खदेड़ दिया जाएगा। मैं सोचने लगा कि योगिराज गोरखनाथ क्या स्वयं नाम का जाप करने के लिए लोगों पर दबाव डाल रहे हैं? क्या गोरख यही अलख जगाना चाहते थे? भय और भक्ति में क्या कोई परोक्ष सम्बन्ध है? सम्प्रदाय और राजनीति का गठबन्धन इस देश और समाज को कहाँ ले जाएगा। चाहे मोहर्रम के हठधर्मी जुलूस हों या प्रतिमा विसर्जन के- जिनसे भी सामान्य जनजीवन स्थगित हो जाता हो

अथवा संकटापन्न–उसके पीछे काम करने वाली शक्तियों का सही विवेचन जनता को जरूर करना चाहिए। बसों में उकड़ूँ और चुपचाप बैठी सवारियों के घुटने दर्द करने लगे थे और देह अकड़ने लगी थी। एक ही जगह पर तूष्णीभाव से बैठे रहने की पीड़ा कितनी गहरी होती है, यह सबके चेहरों से साफ प्रकट हो रहा था। अठारह घंटे की स्थिरता ने ट्रकों और वाहनों का जंगल खड़ा कर दिया था। सुबह सात बजे जाम खुला तो फिर वाहन घिर्र–घुर्र के साथ चींटियाचाल चलने लगे। सत्तर किलोमीटर की दूरी ठीक पाँच घंटे में तय हुई। सच में वह रात बड़ी भयानक थी।

पानी पर पटकथा

हवा में मुक्का मारने पर लिखा जा चुका है, आसमाँ में सूराख करने पर लिखा जा चुका है, हथेली में बाल उगाने पर लिखा जा चुका है, समय की शिला पर लिखने के प्रयास किए जा चुके हैं, बिना लिखे ही कोरे कागज को प्रिय के पास प्रेषित करने की भी परम्परा रही है, लेकिन हा हन्त! आज मुझे पानी पर लिखना पड़ रहा है। उपर्युक्त परिप्रेक्ष्य को ध्यान में रखते हुए लिखने को तो पानी पर भी लिखा जा सकता है लेकिन यदि पानी ही कागज, बोर्ड या कैनवास हो तो आप अलबेले से अलबेले लेखक की विवशता को समझ सकते हैं। फिर चाहे गुरुमुखी का ज्ञाता हो या ब्राह्मी का, खरोष्ठी में पारंगत हो या देवनागरी में, रोमन में धाराप्रवाह लिखता हो या फारसी में, आशुलिपिवाला हो या टंकणवाला, कम्प्यूटरवाला हो या इंटरनेटवाला, अथवा पुरानी मान्यताओं के सुरतरुवरशाखा लेखनी और सात समुद्रों की मसि बनाने वाले लेखक ही क्यों न रहे हों, इस पानी पर कोई भी लिपि टिक नहीं सकती। स्याही चाहे लाल हो या नीली, हरी हो या काली अथवा सारा 'बैनीआहपीनाला' ही क्यों न घोल दिया जाए; अन्ततः इस पानी पर लिखना पानी पीटना ही साबित होगा। काश, गालिब 'गो के : दुश्वार है हर काम का आसाँ होना' समस्या-पूर्ति के रूप में छोड़ गये होते तो बन्दा 'और भी मुश्किल है ये आब-ए-फसाना लिखना' जोड़कर उनकी वसीयत ले लेने वाला शायर बन जाता। गालिब तो हर काम को कठिन ही मान लेते थे। यह जानते हुए भी कि दुनिया में एक से एक अच्छे सुखनवर हैं। उनके लेखे तो लेखन भी बहुत ही कठिन कर्म रहा होगा। लेकिन आज जहन्नुम से उनकी रूह भी देखकर काँप जाती होगी कि अब लिखना कितना आसान हो गया है। हर कोई, हर विषय पर, हर वक्त लिख सकता है। बल्कि आधुनिकतम अवधारणा तो यह है कि जो और कोई काम नहीं कर सकता वही लेखक बन जाता है। और लेखक तो किसी पर लिख सकता हैं। पानी पर ही सही। लेखक तो लिखकर किनारे हो जाएगा। यह पाठकों की अपनी समस्या है कि वे उसे बाँच पाते है या नहीं।

पर सम्पादक जी का आदेश नहीं बल्कि अध्यादेश है कि लिखो तो लिखो पानी पर ही। जब बड़े शब्दानुरागी बनते हो, लेखन कर्म का ढिंढोरा पीटते हो, जहाँ रवि भी नहीं पहुँच सकता वहाँ भी पहुँच जाने का दावा करते हो तो चुनौती स्वीकार करो अन्यथा न लिखने के कारण पर कोई प्रायोजित बहस कर-करा, दिए गये विषय से हट जाओ और साहित्यिक दायित्व का गुरुतर भार दूसरों के कन्धों पर डालकर लेखकों के गुरू बन जाओ। गुरू बनने का चरम आनन्द और शिष्य मूँडने की सुखद प्रक्रिया से ही सामाजिक परिवर्तन का कठिन लक्ष्य प्राप्त किया जा सकता है। लेखन का एक लक्ष्य होता है बल्कि लक्ष्यवेध का ही दूसरा नाम लेखन है। तो पानी पर लिखो। सम्पादक ने तो पानी पर लिखने का आह्वान करके वृहस्पति, शुक्र, सरस्वती, गणेश सबके होश फाख़्ता कर दिए हैं। अब यही अष्टभुजा बचे थे। हमने ताम्बूलम् समर्पयामि बोल दिया है बीड़ा उठाना तो आपका काम है। साहस हो तो हाँ करो नहीं तो कलम तोड़ दो। कुछ लोग तो कलमतोड़ लिखते ही हैं तो कुछ ताबड़तोड़; कुछ घटफोड़ लिखते हैं तो कुछ कनफोड़; कुछ अपाठ्य और अश्रव्य लिखते हैं तो कुछ वैखरी, पश्यन्ती और पराश्रव्य। विषय तो वैसे ही पानी होता है। बस उसमें आपकी अपनी स्याही और रंग घोलना पड़ता है। इसी से लेखकीय सामर्थ्य का पता चल जाता है। या तो विषयासक्त बनो या विषय-विराग उपजता हो तो रहीम की चेतावनी पर ध्यान दो। पानी ही नहीं रहा तो उबर नहीं सकते। सूख जाओगे और अन्ततः मर जाओगे। भला मरना कौन चाहता है? हारना ही मरना है। जो हारे हुए मन का होता है वह निम्न श्रेणी का मनुष्य विघ्न पड़ने के भय से काम का श्रीगणेश ही नहीं करता, मध्यम श्रेणी का मनुष्य बीच में व्यवधान आ जाने से हारकर काम बन्द कर देता है लेकिन जो उत्तम जन हैं वे पुनः पुनः विघ्न पड़ने पर भी हार नहीं मानते। नरोत्तमों या पुरुषोत्तमों की महिमा तो किसी से छिपी नहीं रहती। फिर भी चलिए, प्रारम्भ करने की प्रेरणा तो पहले लिखी गयी एक सूक्ति से मिली। किन्तु क्या इससे भी पहले पानी के बारे में किसी ने कुछ सोचा, लिखा या किया है? या आप ही अपने को आदिकवि की तर्ज पर आदि लेखक और विद्वान मानने पर आमादा हैं? लिखने-पढ़ने और पढ़ाने वालों का टोटा तो कभी नहीं रहा। पानी पर लिखने वालों की भी कमी नहीं रही है। वाल्मीकि, कालिदास, भारवि ही नहीं बल्कि संस्कृत साहित्य का सबसे प्रचलित और लोकप्रिय उपमान कमल भी तो पानी की ही उपज है। वाल्मीकि ने शरन्नद्यों के बहते जल को जघनदेश से सरकता हुआ दुकूल बताया है तो कालिदास को महावराह द्वारा समुद्र में डूबी पृथ्वी को दाँतों से उभारने पर उसके स्वच्छ जल में पृथ्वी के घूँघट बन जाने का भ्रम हुआ है। प्रसाद जी का तो महाकाव्य ही जल-प्लावन पर आधारित हैं। किन्तु ये सभी उदाहरण कल्पनाप्रसूत माने जाते हैं। लोग मानते हैं कि पूर्ववर्ती साहित्य में वायवीय कल्पना

और अव्यावहारिक आदर्श कुछ अधिक हैं। कुछ आलोचकों ने तो कल्पना की इसी अत्युच्च उड़ान की आजादी चाहने वाले छायावाद को सूली पर चढ़ा दिया है। अतः यथार्थ पर आना पड़ेगा। यथार्थवादी होने के लिए सोच-विचार और दृष्टि का वैज्ञानिक होना आवश्यक है। अतः दिए गये विषय को केवल साहित्य के चश्मे से नहीं देखा जा सकता। तो पानी पर लिखो। अब तो जरूर लिखना है बन्धु। क्योंकि प्रारम्भ करने का नैतिक साहस आ गया है, अपनी परम्परा में पानी पर लिखने के दृष्टान्त भी मौजूद हैं, रहीम की चेतावनी भी है कि हर हाल में पानी को रखना और रखाना है, किन्तु एक व्यक्तिगत कठिनाई सामने है, वह यह कि विषय दे दिया गया है और डिमांडेड राइटिंग, से मन भागने लगता है। मन कुछ ऐसा है कि स्वतः तो दूसरों की निःशुक्ल्क सेवा कर सकता है लेकिन कोई निर्देश देने लगे तो मिली हुई कामधेनु को भी वहीं छोड़कर चला आएगा। लेकिन इस विषय में ऐसा कौन-सा आमन्त्रण है कि सारी अकड़ और विद्रोह भाव के बावजूद भी मन में एक तरह की पिपासा जगा रहा है? यह शायद विषय की ही अपरिहार्यता और आकर्षण है कि कोई चाहकर भी इससे बच नहीं सकता। अतः पानी को हाथ मे लेकर संकल्प लेना पड़ रहा है कि इस पर लिखूँगा। यह जानते हुए भी कि न तो पानी से साहित्य बच सकता है और न साहित्य से पानी। फिर भी साहित्य में पानी होना चाहिए और पानी में साहित्य। यदि साहित्य से पानी बचता तो इतना विपुल साहित्य रचे जाने के बावजूद आज हमें ऐसा जल संकट क्यों झेलना पड़ता और इसे विषय ही क्यों बनाना पडता? सच है, पानी के बिना जीवन नहीं चल सकता तो जीवन के बिना पानी भी नहीं चल सकता होगा। पानी और जीवन जैसी अन्योन्यता और किसी-किसी के बीच नहीं।

विज्ञानियों ने द्रव्य को जिन तीन अवस्थाओं मे बाँटा है उनमें बीच की अवस्था को द्रव बताया है और द्रव का नाम लेते ही जिसकी कनिष्ठिका पर पानी नहीं आ जाता उसके मनुष्य होने में सन्देह है। पानी ही वह विचित्र द्रव है जो द्रव्य की तीनों ही अवस्थाओं में रह सकता है और मनुष्य वह प्राणी है जो जीवन की कई अवस्थाओं में रह सकता है। कहते हैं कि द्रव का कोई निश्चित आकार नहीं होता बल्कि, पात्रानुसार वह आकार ग्रहण करता है। जीवन का भी कोई निश्चित आकार नहीं होता। वह भी पात्रानुसारी ही होता है। पानी ही वह द्रव है जो एक निश्चित तापमान के बीच तरल और गतिशील होता है। उस तापमान से नीचे हिमांक (freezing point) पर आकर वह ठोस बर्फ में बदल जाता है और उससे बहुत अधिक वाष्पांक पर पहुँचकर गैसीय अवस्था में वाष्पवीय हो जाता है। उसी प्रकार जीवन भी इतना वस्तुपरक यथार्थ नहीं कि बर्फ बन जाए। और कल्पना की ऐसी उड़ान भी नहीं वाष्पवत् हो जाए। यह भी कहा जाता है कि जल एक रंगहीन,

स्वादहीन और गन्धहीन तरल द्रव है किन्तु जल के बिना न तो रंग सम्भव है, न स्वाद, न गन्ध। यदि जीवन में जल इतना अनिवार्य है तो जल में जीवन अनिवार्यतः होगा। जिस जीवन में जल नहीं होगा उसका निर्जलीकरण (डिहाइड्रेशन) हो जाएगा और वह रवे (क्रिस्टल) में रूपान्तरित हो जाएगा। पानी की ही भाँति शायद जीवन भी रंगहीन, गन्धहीन और स्वादहीन नहीं होता। यदि पानी और जीवन में कोई अन्तर हो सकता है तो केवल यही एक। किन्तु जो लोग जीवन को रंगीन बनाने के लिए पोतड़ा लपेटते घूमते हैं, महकने के लिए हिरनों, जुगनुओं, तितलियों, भौंरों और साँभरों की हत्या पर उतारू रहते हैं, और स्वाद चटकारने के लिए जिनकी इन्द्रियाँ हमेशा बाहर निकली हुई दिखाई देती हैं, ऐसे जीवधारी हिंसक डायनासोर हैं। वह जीवन जीवन नहीं जो दूसरों के जीवन को केवल अपना खाद-पानी ही समझता हो। अगर वास्तव में कोई जीवन पानी की तरह रंगहीन, स्वादहीन और गन्धहीन बन जाता है तो वह गाँधी हो जाता है। विज्ञान ने इसका भी अनुसन्धान कर लिया है कि जल (H_2O) की संरचना हाइड्रोजन और ऑक्सीजन के संयोग से हुई है। लेकिन ज्ञान मात्र से सब कुछ सृजित नहीं किया जा सकता। मनुष्य चाहे समूचे ब्रह्मांड को प्रयोगशाला बना ले किन्तु पानी के आवयविक संगठन और समस्त जानकारी के बावजूद वह पानी बनाने में असमर्थ है। पानी की असली सामर्थ्य यही है कि पानी से ही सब कुछ बनता है किन्तु सब कुछ से पानी नहीं बनाया जा सकता। कहते हैं कि आग और पानी पर किसी का वश नहीं चलता। इसमें भी आग पर तो पानी का वश चल भी जाता है किन्तु पानी पर आग का भी वश नहीं चलता। अतः जो लोग पानी को इतना उपेक्षणीय और सस्ता मानते हैं कि उसे अपनी मुट्ठी या जेब की वस्तु समझते हैं वे वस्तुतः आग ही मूतते हैं। वैसे तो पानी के अधिकारी सभी हैं किन्तु सचाई यह है कि पानी ही सबका अधिकारी है। जीव-जन्तु, पशु-पक्षी, प्रकृति-वनस्पति सबका। जिसने भी पानी की अवहेलना की उसे ही जीवन से हाथ धोना पड़ा। जीवन के पुरस्कार और दंड का विधाता पानी ही है।

जल को ही विधाता की आद्यासृष्टि माना गया है। जब सृष्टि में और कुछ नहीं रहता तब भी जल ही रहता है और जब सृष्टि में सब कुछ रहता है तो भी जल के ही कारण रहता है। इस पृथ्वी के नीचे भी जल ही है और जिस पृथ्वी के ऊपर यह जीवन है, उसके ऊपर के जलद पर्जन्य से ही यह जीवन अस्तित्व में है। अर्थात् पानी के दो पाटों के बीच ही जीवन का उद्भव और विकास होता है। सान्द्र और तनु जल का यौगिक ही इस सुन्दर जीवन का अवक्षेप है। अतः जीवन के लिए जल ही मौलिक तत्त्व है। किन्तु इस जल को कथमपि बनाया नहीं जा सकता, इसे सिर्फ बचाया जा सकता है। जल से ही जीवन बनता भी है। और बचता भी है। जीवन को बनाने में जितने जल की जरूरत होती है, उससे अधिक जरूरत है जल की जीवन

को बचाने में। इस जल को जल नहीं बचा सकता। उसे जीवन ही बचा सकता है। अतएव जो जीवन के सच्चे शुभचिन्तक और हितैषी हों उन्हें सर्वप्रथम जल-संरक्षण पर ही अपना ध्यान केन्द्रित करना चाहिए। आज का आदमी केवल अपना जीवन बचाने के चक्कर में योग्यतम की उत्तरजीविता (servival of the fittest) के विकासवाद की अन्धी दौड़ में शामिल हो गया है और जैव-विकास की स्वाभाविक संरचना को जैव-विनाश के आत्मघाती उद्यम में बदल देने पर तुला हुआ है। प्राकृतिक दोहन और जैविक विविधता की अनदेखी करने वाला आज का यह मनुष्य तथाकथित वैज्ञानिक पदार्थवाद का ऐसा अनुचर बनकर रह गया है जिसे अपनी वास्तविक सत्ता का आभास ही नहीं। जब मनुष्य में प्रकृति के प्रति सहजात सम्बन्ध और मैत्रीभाव का लोप हो जाता है, जब उसमें प्रकृति के प्रति विजेता भाव का अहंकार आ जाता है तो वह पेड़-पौधों पर नहीं बल्कि अपने ही पैरों में कुल्हाड़ी मारता है और इस भ्रम में रहता है कि उसका विजय अभियान जारी है। कब्र खोदनेवाले को यह भी समझना चाहिए कि किसी दिन उसकी भी कब्र खोदी जाएगी। जो इतना भी नहीं समझ सकते वे उद्धत, अहंकारी और जीवनद्रोही हैं। अहंकार ऐसा कुत्ता है जो अपनी पहुँच की हर ऊँचाई पर पिछली टाँग उठा देता है। परप्रतिष्ठा और ऊँचाई ही इसके वैरी हैं। वह ऊँचाई से भी ऊँची कोई ऊँचाई तो निर्मित नहीं कर सकता अतः ऊँचाई को अपमानित करके ही आत्मरति पाल लेता है कि वह कुछ और ऊँचा हो गया है। प्रकृति पर मनुष्य का यही पूर्वोक्त विजेता भाव बिना पानी के ही उसे ले डूबता है। चुल्लू-भर तो वैसे ही बहुत है। बताया जाता है कि द्रव अर्थात् पानी की मूल प्रकृति सदैव ऊपर से नीचे की ओर बहने वाली है। आशय यह कि पानी सदैव मूल में रहने के लिए व्याकुल रहता है। जिसके मूल में यह पानी रहता है वह हरा-भरा और पुष्पित-पल्लवित होता है किन्तु यही पानी जिसके सिर के ऊपर चला जाता है उसका सूखना तय है। आखिर सूखा और बाढ़ जैसे प्राकृतिक प्रकोप के नेपथ्य और मंच पर भी तो यह पानी ही है। यदि हमें जीवन के अस्तित्व को बचाना है तो प्रकृति के प्रति स्वामीभाव नहीं बल्कि सखाभाव अपनाना होगा। उसके संरक्षण और संवर्द्धन के प्रति गम्भीर होना होगा। क्या चिपको आन्दोलन की संवेदना में निहित मर्म के उद्देश्य को हम ठीक से सुन-समझ रहे हैं? क्या वृक्षों-वनस्पतियों की अन्धाधुन्ध कटान से मर्माहत उन लोगों के मन के हाहाकार का अनुभव हम कर पा रहे हैं जो कुल्हाड़ी का वार अपने शरीर पर झेलकर वृक्षों को बचाने के लिए उनसे चिपक जाना चाहते हैं? क्या हम वीरप्पनों के आगे हैंड्स अप ही मुद्रा में खड़े नहीं हो गये हैं? क्या हम वनों और वन्यों, जलाशयों और नदियों, पर्वतों और समुद्रों को अपने सुखोपभोग का साधन मात्र मानकर उन्हें खंडित, प्रदूषित और नष्ट नहीं कर रहे हैं? नष्ट होने के पहले बहुत

कुछ बचाया भी जा सकता है। आशा एक ऐसी हल्की किरण है जिसका उजास हमारे झीने गवाक्ष से भीतर आकर कभी हमें बुझने और निराश नहीं होने देता। हम बार-बार दुःस्वप्नों के भँवर से निकलकर अभीष्ट संसार में सकुशल वापस लौटे हैं। पश्चाताप और परिष्कार हमारे रक्त में है। अपनी भूलों से भी सीखने में हमारी मनुष्यता और भलाई दोनों है। भला हो इजराइलियों का जिन्होंने अब मृतसागर (डेड सी) को बचाने के लिए भी कमर कस ली है।

समय बहुत बदला है। हमें बदलते हुए समय का स्वागत भी करना है। पहले हम यह तो जानते थे कि हम पानी पीते हैं लेकिन इस गुमान में थे कि इसे खुदा भी नहीं जानता होगा। अब जब गले में आकर झींगा अटक गया है तो दुनिया बिना बताए ही जान गयी है। पृथ्वी 'बचाओ सम्मेलन शुरू हो चुका है तो पानी को बचाए बिना पृथ्वी क्या एक दूब भी नहीं बच सकती। पहले हम पीते तो थे पानी लेकिन समझते थे कि शरीर में खून ही खून है। हमारा कोई क्या कर लेगा? हम कायनात पर कब्जा कर लेंगे। प्रकृति हमारी मुट्ठी में या उसके बाल हमारे लातों के नीचे होंगे। हम पानी प्रकृति का ही पिएँगे, उसी से गुलामी भी कराएँगे और रंगीनियाँ भी मनाएँगे जितनी इच्छा होगी उतना खून और पानी बहाएँगे। 'कर्ज की पीते थे और सोचते थे कि हाँ रंग लाएगी हमारी फाकामस्ती एक दिन।' अगर हम समय से सचेत न हुए, पानी की ऐसी ही अवहेलना करते रहे तो फाकामस्ती के दिन दूर नहीं। तब प्यास के तांडव के आगे जाम का लास्य भूल जाएगा और याद आएगी हुसेन की प्यास, जलप्लावन का मनु या सहारा का मरुस्थल। अब हम यह भी जान चुके हैं कि शरीर में केवल खून ही नहीं बल्कि आधे से अधिक भाग पानी है। भीतर पानी रहने के लिए आवश्यक है कि बाहर उससे अधिक पानी हो। क्योंकि जल केवल जलचरों के लिए ही नहीं बल्कि थलचरों, नभचरों और यहाँ तक कि अचरों के लिए भी उनसे अधिक आवश्यक है। पानी ही चर और अचर दोनों हैं जो इस चराचर को केवल अचर राशि समझते हैं उनकी बुद्धि हिमठोस है एवं जो इसे केवल चर मानते हैं उनकी सोच में भाप का वायुविकार होने के कारण वह वाष्पीय है। एक तरल और गतिशील जीवन का नाम ही पानी है। पानी में ही जीव के गुणसूत्र हैं।

प्रकृति का प्रति जैसी संवेदनशीलता कालिदास के काव्य में है, वैसी अनन्य और दुर्लभ संवेदना और कहीं नहीं दिखाई देती। कहने वालों ने उन्हें उपमाओं का कवि माना है किन्तु वास्तव में वे पानी के कवि हैं। भला मेघदूत लिखने वाला कवि, 'किमिव हि मधुराणाम् मंडनम् नाकृतीनाम्' लिखनेवाला कवि अलंकारवादी कैसे हो सकता है? शकुन्तला की विदाई के समय या लंका से वापस अयोध्या आते समय शकुन्तला और सीता के वृक्षसेचन को ही कालिदास प्रथम वरीयता से याद करते हैं। कण्व का कथन है कि हे आश्रम के वृक्षो। जो शकुन्तला तुम्हें सींचे बिना जल नहीं

ग्रहण करती थी, शृंगारप्रिय होते हुए भी तुम्हारे पल्लवों को नहीं तोड़ती थी, तुम्हारे फुलाने पर जो उत्सव मानती थी, वही शकुन्तला आज चली जा रही है—

पातुं न प्रथमं व्यवस्यति जलं युष्माष्वपीतेषु या
नादत्ते प्रियमंडनापि भवतां स्नेहेन या पल्लवम्
आद्येव: कुसुमप्रसूतिसमये यस्या भवत्युत्सव:
सेयं याति शकुन्तला पतिगृहम् सवैरनुज्ञायताम्
(अभिज्ञान शाकुन्तल, चतुर्थ अंक)

तो अपनी प्यास से अधिक हमें वृक्षों की, वनस्पतियों की, जीव-जन्तुओं की प्यास का ज्वलन्त अनुभव करना पड़ेगा। वृक्षारोपण का नाटक करते हुए फोटो खिंचवाने से काम नहीं चलने वाला। अपने को ही ज्वार-भाटा का कारण मानने वाली हिमकरानुभूति से बचना होगा। कार्य के लिए कारण पर सम्यक-विचार करना होगा अन्यथा हम अपने ही अंहकार की भेंट चढ़ जाएँगे। अपने इस जगद्‌गुरु देश में धर्म और अध्यात्म के लिए जलवायु बड़ी ही अनुकूल है। इस क्षेत्र में सदैव लक्ष्य से अधिक पैदावार होती है। चीनी उद्योग बन्द हो रहे हैं, वस्त्र और कागज उद्योग बन्द हो रहे हैं किन्तु आध्यात्मिक उद्योग लगातार खुल रहे हैं। अध्यात्म के प्रति प्यास जगाने वाले सन्त-महापुरुष पहले हमारे मन में सारे सांसारिक सम्बन्धों के प्रति एक प्रकार की वितृष्णा उत्पन्न करके मरुभूमि बनाते हैं और फिर हमारी उत्कट प्यास बुझाने के लिए अपना मिनरल वाटर बेचकर सदा-सदा के लिए हमें साष्टांगी बना लेते हैं तामि हम जल्द से जल्द ईश्वर को प्यारे हो सकें। ऐसे नये-नये आश्रमवाले सन्तों से भी सामाजिक पर्यावरण को कम खतरा नहीं। देखने में आता है कि दहेज-उन्मूलन, भ्रष्टाचार निरोधक, जाति-पाँति विरोध जैसी जितनी ही संस्थाएँ दिनोंदिन पंजीकृत हो रही हैं उनसे अधिक इन प्रथाओं का अकुंठ विकास हो रहा है। इस प्रकार अहंकार को दूर करने का प्रशिक्षण देनेवाले तथाकथित महात्मा भी कम अहंकारी नहीं। पानी निर्मल और निरहंकार है। वह निष्पाप आँखों से निर्मित ऐसा तरल है जो कभी किसी संकोच में नहीं दिखाई देता। निष्कलुष रहना और करना ही उसकी प्रकृति है। अत: जो पानी को प्रदूषित करते हैं वे जीवन को प्रदूषित करने के पापी हैं। जिनकी आँखों का पानी मर चुका है उनके लिए पानी की हत्या पेशेवर कर्म की तरह हैं। उनके लिए एक ही दंड हैं और वह है जल-समाधि। जिस मृत सागर का पहले जिक्र हुआ है, कहते हैं कि उसमें कोई डूबता ही नहीं। जो सागर स्वयं मरा है वह दूसरों को क्या डुबोएगा? उसका अपना ही घनत्व इतना अधिक है कि उसमें दूसरों को आत्मसात् करने के लिए कोई अवकाश नहीं। इसी से उसका पानी अपेय है। जबकि पानी ऐसा पेय है जिसका कोई विकल्प नहीं। न दूध, न चा, न तेल, न अल्कोहल। महाशीतल पेयों की मारकता को तो हम बीते दिनों अपनी आँखों से ही

देख चुके हैं। महा से कभी कोई संस्कृति या सभ्यता विकसित नहीं होती। चाहे वे महासागर हों या महाठंड! संस्कृति और सभ्यता का सीधा सम्बन्ध बहते हुए नीर से हैं। पानी ठहर जाता तो जीवन भी ठहर जाता है। जीवन-प्रवाह वस्तुतः पानी का प्रवाह। बहता पानी निर्मला।

वैदिक सभ्यता के ऋषियों ने अपस्, पर्जन्य और नद्य सूक्तों के स्त्रोतों से इसी पानी की अभ्यर्थना की है क्योंकि इस सृष्टि का कुटुम्ब ऐसे घर में रहता है जिसका कुट्टिम और छत दोनों पानी का है। बादल, बूँदें, नहरें, नदियाँ, समुद्र सब उसी का प्रसार और विस्तार है :

या आपो दिव्या उत वा स्त्रवन्ति खनित्रिमा उत वा याँः स्वयंजाः।
समुद्रार्था याः शुचयः पावकास्ता आपो देवीरिह मामवन्तु।

(ऋग्वेद, मंडल 7, सूक्त-49, आप् सूक्त)

अर्थात् जो जल अन्तरिक्ष में उत्पन्न होते हैं और जो जल नदी आदि के रूप में बहते हैं, जो जल नहर, कुएँ आदि के रूप में खोदने से उत्पन्न होते हैं और जो जल झरनों आदि के रूप में स्वयं उत्पन्न होते हैं, जो समुद्र में जाकर मिल जाने वाले हैं, जो दीप्तिमान् एवं पवित्र कारक हैं वे दिव्य गुणों से सम्पन्न जल इस लोक में हमारी रक्षा करें। आशय यह कि जल ही हमारा रक्षक है। पानी से ही प्रारम्भ भी है और प्रारब्ध भी। इस धरती की जन्मपत्री पानी से ही लिखी है और उसका भविष्यफल इसी पर निर्भर है। इस जन्मपत्री को बाँचने के लिए न तो किसी सौरऊर्जा विशेषज्ञ की जरूरत है, न नक्षत्रविज्ञानी की; न किसी भविष्यवक्ता की जरूरत है, न लेखक की क्योंकि इसके केन्द्र में ही जीवन है। और जीवन की यह कुंडली इतनी स्पष्ट है कि इस धरती का हर नागरिक इसे आसानी से पढ़ और समझ सकता है—जो लोग इस जीवन को ज्योतिष के दिशा-निर्देशों से चलाना चाहते हैं उनकी आस्था मानवता से अधिक नक्षत्रों और ग्रहों में है एवं जो लोग इसे उपग्रहों से परिचालित समझते हैं, वे प्रकृति के सम्मुख अपना सिक्का चलाने के दम्भ में चूर हैं। जबकि जीवन की कहानी पानी की कहानी है। वह न भाववादी है न यर्थार्थवादी, न अकहानी, न नयी कहानी। वास्तव में यह पानी की, पानी के द्वारा, और पानी के लिए है। एक प्रवेशिका का छात्र पानी की अभिधा ही समझता है। मेरे लिए पानी केवल पानी है। औरों के लिए वह स्वाभिमान, चमक, लज्जा या जो कुछ भी हो। आज पानी एक चिन्ता का प्रश्न है। ईंधन के प्रश्न का हल खोजा जा सकता है और खोजा भी गया है, खाद्यान्न के प्रश्न का हल खोजा जा सकता है और खोजा भी गया है, आवास के प्रश्न के हल भी खोजे गये हैं क्योंकि ये बहुविकल्पीय प्रश्न हैं। पानी का प्रश्न अविकल्प है। इसका कोई स्थानापन्न नहीं। यदि पानी कोई प्रश्न हैं तो इसका उत्तर भी पानी ही है। इस दीर्घ उत्तरीय प्रश्न पर सर्वाधिक अंक निर्धारित हैं। यदि यह

प्रश्न गलत हो गया या छूट गया तो जीवन का पेपर खराब हो सकता है। यह परीक्षा की घड़ी है। निर्धारित अवधि में ही हमें प्रस्तावना, कारण, निवारण, उपाय और निष्कर्ष पर विचार करना होगा, अन्यथा जीवन ऐसा जटिल प्रश्न बन जाएगा जिसका भाष्य पतंजलि, यास्क, सायण, मैक्समूलर या मैकडोनल किसी के वश का नहीं होगा।

पानी का एकल अभिनय संसार का सबसे भयानक दुःस्वप्न होगा। अतः इस रूपक में जीवन की मुस्कान, हँसी; श्रम, रुदन, सिसकी सब शामिल होंगे। पानी के साथ ओस, पसीना, आँसू आदि की भूमिकाओं की अनदेखी करना किसी आत्मघात से कम नहीं। इस पानी पर इस लिपिक ने पटकथा लिख दी है। आगे आपकी मरजी। चाहे अभिनय करें, डायलॉग झाड़ें, डाक्यूमेंट्री बनाएँ, विशेषांक छापें या फाड़कर फेंक दें। कागज तो आसानी से फाड़ा जा सकता है। उसके लिए किसी भीम की जरूरत नहीं। लेकिन खबरदार! पानी किसी भी लाठी या तलवार की मार से नहीं फटता।

निष्कंटक बेल

वह ज़माना गया जब पूर्वज सोचते थे कि बाग-बगीचा अपने लिए नहीं बल्कि आने वाली पीढ़ियों के लिए लगाया जाता है। अब सद्यः फल का युग है। पहले आत्मा तब परमात्मा। सत्रान्त तक हर हालत में परिणाम सामने आना चाहिए। वर्षा में वृक्षारोपण करो और वित्तीय वर्ष (मार्च) तक मंजरियाँ एवं पुष्पोदय देख लो। फिर फलफलाते हुए घूमो।

मित्रो! मैं लाख आलसी हूँ, हज़ार निकम्मा हूँ, कोटि सुतक्कड़ हूँ लेकिन घुमन्तू भी कुछ कम नहीं। बहुत देर तक एक जगह बैठे रहने की साधुता मुझमें है ही नहीं। जगह बदल देने से भी एक तरह की नवानुभूति होती है किन्तु घुमरी परइया को कभी घूमना नहीं मान पाता। भौंरों का मँडराना घूमना हो सकता है, किसी द्रुत विलम्बित का आलाप घूमना हो सकता है, एक लट्टू का नाचना घूमना हो सकता है, किसी पत्ती या पंख का फड़फड़ाना भी घूमना माना जा सकता है लेकिन जो घूमने को घूर्णन का सिद्धान्त समझते हैं वे तकनीकी चाकर हैं और जो इसे गणेश परिक्रमा मानते हैं वे श्रद्धान्ध। जीवन तकनीक और अन्धश्रद्धा के ध्रुवों के बीच कसा हुआ द्वितत्वी तार मात्र नहीं है। उसे जब कभी हम अपने ही पास नहीं पाते तो औरों के बीच जाकर खोजना पड़ता है। खोजना ही नहीं बल्कि अर्जित करना पड़ता है अन्यथा हम निरावेशित होते चले जाते हैं। सो महीने-पखवारे में जनपद मुख्यालय बस्ती हो आता हूँ। समूचे भारत की तरह यहाँ भी एक गाँधी नगर है जिसका गाँधी से कोई वास्ता नहीं। गाँधीनगर के आगे कम्पनीबाग चौराहा भी लगभग बेमतलब है। लेकिन चौराहे के आगे फल अनुसन्धान केन्द्र और पौधशाला है जिसकी बात पहले हो चुकी है। यहाँ तक आकर, पान, तम्बाकू, सिगरेट, गुटखे से शहर को प्रदूषित करके भी जो दो चार पौधे ले जाकर अपनी क्यारी, आँगन, लॉन, दरवाजे या बगीचे में न गाड़ दे वह वनस्पतिद्रोही नहीं तो और क्या है? पेड़-पौधों को न तो बैठने के लिए जगह चाहिए न लेटने के लिए। उन्हें तो एक बार जहाँ खड़ा कर दीजिए वहीं आजीवन खड़े रहेंगे। कभी-कभार उनके पाँव धो दीजिए तो थकान दूर हो जाएगी

और बरसात हो गयी तो नहाकर चंगे हो जाएँगे। न नीचे फर्श की दरकार न ऊपर छत की। बल्कि सामने से हटिए जरा धूप आने दीजिए। सूरज से कम तेज से कोई बात ही नहीं करेंगे। सज्ञान हों या नन्हें-मुन्ने। सब मित्र-मित्र हैं। इसीलिए कहता हूँ मित्रो कि इस पौधशाला के आमन्त्रण से आप आँखें नहीं चुरा सकते। तो भइया एक-एक पौधे ही सही लेकिन आम, अमरूद, आँवला, अनार, नीबू, बेल सब ले चलो। आसपास हरियाली तो हो ही जाएगी। फलागम भी सुदूर नहीं।

नजदीक जाकर देखता हूँ तो अनार के फलों में कीड़ों का प्रकोप है। छोटे-छोटे चिकने हल्के सिन्दूरी और ललछौंहे पुष्पिताग्रा फलों में काले-काले रन्ध्र! ओह! बच्चों में फेफड़ों के कैंसर जैसे। दोनों हाथों में माथ पकड़कर बैठ जाने के अलावा दूसरा कोई उपाय नहीं। असमय में जानलेवा नयी-नयी व्याधियाँ और वानप्रस्थ में पहुँचे जीवन के दारुण विलाप कि अपने ही आगे जन्मी पीढ़ियों पर ऐसा विद्रूप ग्रहण देखने के लिए नियति उन्हें कब तक जीवनदान देना चाहती है? फिर भी अपनी पहुँचभर उपचार करना होगा। प्रतिरोधी टीके या छिड़काव वगैरह जो भी सम्भव हो। आम का तो पौधा ही सूख गया है। पत्तियों का हरापन घटा है और वे ऐंठने लगी हैं। तने और पर्णवृन्तों के बीच का रस सूखा, सहलाने भर को हवा चली कि खड़खड़ाकर नीचे आ जाएँगी और पौधा दातौन लायक भी नहीं रह जाएगा। लगता है कि इसके मूल में ही कहीं विषाणु अड्डा जमाए थे। आँवला निष्पत्र होकर पसली मात्र गाँधी बन गया है। अमरूद में कुछ किसलय जरूर आये हैं और वह मूँछें ऐंठते हुए आज़ाद का आभास दे रहा है। किन्तु बेल का सिंहावलोकन करता हूँ तो कुछ खास परिवर्तन नज़र नहीं आता। बचपन से ही दुबला किन्तु निरोग दिखने वाला ऐंठू और दृढ़ तना। तनिक विहगावलोकन करता हूँ तो जैसे एकबारगी झटका लगता है कहीं अपने देखने में ही तो कोई दोष नहीं। पलकों के ऊपर धूपरोकू हथेली या आँखों पर चश्मा चढ़ाने पर भी वही ढाक के तीन पात। फल अनुसन्धान केन्द्र के कर्मचारियों ने मुझे बच्चे की तरह अपने हाथों से लगभग ग्लोब बनाते हुए यह तो समझाया था कि इस बेल के फल ऐसे-ऐसे और तीन किलो से कम के नहीं होंगे। लेकिन भाई, एक-एक पर्व निहारता हूँ, काँटा तो कहीं दिखाई ही नहीं देता। यह कैसा निष्कंटक बेल है? अभी तक बेल की जो छवि मन में बसी हुई है उसके हिसाब से हर वृन्त में तीन पत्ते तो हैं, पाँव क्या पूरे शरीर में बिवाई भी फटी हुई है, चन्दन जैसी हल्की सुधाई भी उजड़ी-उजड़ी-सी परिलक्षित हो रही है किन्तु इस अलबेले बेल से काँटे ही नदारद हैं। कहीं बेल की जगह कुछ और तो नहीं उठा लाया? दुनिया में धोखाधड़ी तो होती ही है लेकिन चलती है यह किसी विश्वास के ही सहारे। धोखाधड़ी में उछाल हो सकती है, छलाँग हो सकती है, उड़ान हो सकती है पर विश्वास के डग सधे और निष्कम्प होते हैं। कुछ लोग और जगहें भी ऐसी

होती हैं जहाँ विश्वास का कोई बोर्ड नहीं लगा होता फिर भी हम आँख मूँदकर उन पर विश्वास कर सकते हैं। लेकिन सकते में आ गया हूँ मैं इस सात्विक बेल को देखकर। फिर भी पूरा है विश्वास कि बस्ती के फल अनुसंधान केन्द्र से ऐसी धोखाधड़ी हो ही नहीं सकती। पर लगता है कि इस बेल से निष्कासित काँटे मेरे दिल में आकर चुभ रहे हैं। मन को मनाने के लिए कई सूक्तियाँ याद करता हूँ कि भोजन करना प्रयोजन है, कौर गिनना नहीं, काम से काम होना चाहिए कर्कच से नहीं; दानी बछिया के दाँत नहीं गिने जाते लेकिन कोई मुहावरा मन को नहीं बहला पाता और यहं निवेदन तो मैं पहले ही कर चुका हूँ कि 'बस्ती' अब ईंट का जवाब गेंद से देता है अर्थात् अपना मुहावरा बदल रहा है। मुहावरा बदलने से अर्थ बदल जाता है, अर्थ से अनुशासन, अनुशासन से विमर्श, विमर्श से विचार और विचार से लोग तो लोग, पेड़-पौधों के गुण-सुत्र तक बदल जाते हैं। इसी बेल को ही देखिए। इसके इस बदलाव पर हँसूँ कि रोऊँ? यह सही है कि बेल का यह पौधा फल खाने की ही प्रत्याशा से खरीदकर लाया हूँ, काँटे उगाने की अकांक्षा से नहीं लेकिन बिना काँटों के जैसे यह क्लैव्य को प्राप्त हो गया है। बस्ती के एक और अप्रतिरोधी स्वभाव का दृष्टान्त बनकर बेचारा खड़ा है। क्या पता कि बबूल, बैर, नीबू, खजूर और करीर पर भी ऐसा ही कोई रिसर्च चल रहा हो तो करीर के कँटीले कुंजो पर कलाधौत के कोटिश: धाम वारनेवाले रसखान की आत्मा को जो चोट पहुँचेगी वह तो पहुँचेगी ही, साथ में बेरी के बेर को तोड़ने लपके हुए हाथों पर ना-ना की वर्जना का कोई मतलब ही नहीं रह जाएगा। अभी बहुत दिन नहीं हुए जब लोगों को घर-आँगन क्या आल्मारियों तक में भाँति-भाँति के कैक्टस सजाने का शौक परवान चढ़ा था और प्रतीत होता था कि वे काँटों के बीच ही जीवन गुजारने का व्रत ले चुके हैं। काँटों की सेज और काँटों के ताज तो मुहावरों की ही शरण में चले गये थे। गनीमत यह रही कि ज्यों-ज्यों दुनिया चिकनी-चुपड़ी होने लगी और समय समस्यारहित होने के डंके पीटने लगा त्यों-त्यों लगने लगा कि हम कामयाब हो रहे हैं और अकंटक राज का युग आने ही वाला है। दरअसल, जब किसी दहाड़ में शहद घुलने लगता है तो कानों के भी पहले हमारी जीभ टपकती है। हम आहट पहचान कर चैकन्ने होने के बजाय स्वाद के चटोर बन जाते हैं। धीरे-धीरे कौरा के लिए पूँछ हिलाना, पेट दिखाना और तलवे चाटना सीख जाते हैं तब कोई प्रभु हमारे गले में पट्टा डाल दे या जंजीर, उसे हम अलंकार की तरह धारण कर लेते हैं। लेकिन इस बेल में कुछ आरोपित नहीं किया गया है बल्कि इससे कुछ निकाल लिया गया है। निकाला भी गया है तो इसके विन्यास से नहीं बल्कि नस्ल से। अब यह एक नखदन्तहीन पौधा है इसलिए असहज प्रतीत हो रहा है। कुछ ही तो ऐसे फलदायी पौधे हैं जिनमें काँटे भी होते हैं-जिनमें आमन्त्रण के साथ-साथ एक वर्जना भी टँगी

होती है। पर अब वर्जना-वर्जना कहाँ? यह समय ही वर्जनाविहीन है। ना-नुकुर के संचारी भाव तक विलुप्त हो चुके हैं। सब कुछ हाँ-वाद के हवाले है। फल मिलेगा? हाँ! कोई काँटा तो नहीं होगा? हाँ हाँ! कुछ करना तो नहीं पड़ेगा? हाँजी, हान्जी! वाह रे हुँकारी और हाय रे हुँकार! अजब तेरी कारीगरी रे करतार!

नये कर्तारों की कारीगरी ने सुख-सुविधा के ऐसे मोहक सपने बुने हैं कि असुविधा पैदा करनेवाले चिह्न तक मिटा दिए जाएँ। प्रतिवाद के मुँह में जाबा या असहमति के जबड़े में लगाम डालकर एक प्रश्नविहीन और निरापद समय का आगाज़ किया जा रहा है। 'नो प्रॉब्लम' ही हमारे समय का मुहावरा रच दिया गया है। सर, किसान आत्महत्या कर रहे हैं—नो प्रॉब्लम। जाति-धर्म का संघर्ष हो गया है-नो प्रॉब्लम। इंसेफेलाइटिस आ गया है- नो प्रॉब्लम। बलात्कार के बाद नरकंकाल मिले हैं—नो प्रॉब्लम। आतंकवादियों ने विस्फोट कर दिया है-नो प्रॉब्लम। दरअसल ये सारे प्रश्न ही काँटे हैं और काँटे से काँटा निकालने-कंटकेनैव कंटकम्-वाली सूक्ति अब बासी हो चुकी है। ये सब शून्य प्रहर के प्रश्न हैं। अत: जीन से ही काँटे खत्म कर देना अन्तिम समाधान बन चुका है बाज़ार की यह माँग है कि इसमें कुछ चुभनेवाला नहीं होना चाहिए। सब कुछ स्निग्ध और मसृण हो। कुछ भी अटपटा न हो। न लोग, न चीजें, न भाषा। ऐसा बड़े फख्र के साथ बताया जाता है कि चित्रकार मकबूल फिदा हुसेन नंगे पाँव ही चलते हैं। जिनके तलवों के नीचे गुलाब की पंखुड़ियों से भी कोमल कॉलीन संगमरमर के ऊपर बिछी हो, ऐसे कॉलीन से उठकर जो पाँव सीधे कार में, फिर जहाज में और जहाज से उतरकर फिर किसी संगमरमर पर उतर जाते हों, जहाँ काँटे-कंकड़ को कौन कहे धूल के भी कणों की कोई सम्भावना न हो तो जन्नत में नंगे पाँव चलने का मजा ही कुछ और होगा। लेकिन कोई भी पौधा बिना मिट्टी के नहीं उग सकता। और जब हम कंटककाय कैक्टस को इतना सम्मान देने के लिए तैयार हैं तो फल प्रदान करने वाले पौधों के काँटों को नेस्तनाबूद करके कौन-सी त्रुटि सुधार करने की उदारता पर उतर आये हैं? वास्तव में कभी-कभी त्रुटियों को दूर करने के नाम पर आदमी उनसे भी भयानक त्रुटियाँ कर डालता है लेकिन समझता है कि वह आमूल-चूल परिवर्तन कर रहा है। हम किसी को यहाँ से वहाँ तो कर सकते हैं, उधर को इधर कर सकते हैं, टेढ़े से सीधा कर सकते हैं, दुरुस्त या कमजोर बना सकते हैं लेकिन आदमी की सोच और करतबों पर दूसरों का भी अकथित, अलिखित और जब तब अदृष्ट हस्तक्षेप होता है। यह क्या कि जो किसी को गड़े या चुभे उसे विलोप करने की हनक में आप उस खतरनाक अन्वेषण तक पहुँच जाएँ कि उसके उस गुणसूत्र को ही क्लीव बना दें? प्रत्यक्ष विकृति की तुलना में क्या सोच की विकृति अधिक कुत्सित और दमनकारी नहीं होती? लेकिन यह भी हो सकता है कि हम जिसे जैसा देखते आए हैं, उसी

रूपविन्यास में उसे सदैव देखने का हमारा जड़-संस्कार बन जाता हो। तब उसमें थोड़ी भी हेराफेरी या काट-छाँट ही हमें अटपटी लगने लगती हो। अब या तो हम अपने अटपटेपन को ही छिनगा लें या उसे सर्वथा बदले हुए रूप में ही अंगीकार कर लें। और अपने अटपटेपन को छिनगा लेने का सीधा मतलब है आदमी की निसर्गजात रुचि-वैभिन्य का अनादर।

लेकिन आदरणीय बाज़ार की माँग है कि असुविधाजनक प्रजातियाँ कदापि न दिखाई दें। दूसरी ओर यही क्रूर बाज़ार लुप्त होती जा रही प्रजातियों पर घड़ियाली आँसू भी बहा रहा है। पहले तो किसी-किसी दिन हाट लगती थी। अब तो बाजार ही बाजार है—नित्य और सर्वत्र। लेकिन जिनकी टेंट बाजार का मुकाबला नहीं कर सकती वे इसके समाधान के लिए स्थायी विकल्पों की तलाश करते हैं। वे फल की आशा में पेड़-पौधे लगाते हैं। कीट-पक्षियों के बीट के परागण से भी सम्भव हुए पौधों को खन-खोद लाते हैं और अपने कब्रिस्तान में भी बड़ी हसरत के साथ रोप देते हैं। चिकित्सक उन्हें फल खाने की सलाह देते हैं जो भरपेट अनाज खाने को नहीं पाते। कविगण उनकी पक्षधरता में कविताएँ लिखते हैं जो सर्वशिक्षा अभियान से भी वंचित रह जाते हैं। राजनीतिज्ञ हर पाँचवें साल योजनाओं का लाभ उस अन्तिम आदमी तक पहुँचाना चाहते हैं जिसका नाम, खुदा का प्यारा हो जाने के बाद भी, मतदाता सूची में टंकित रहता है और जिसके एवज में कोई एकादशी किशोर मुहर ठोंककर हँसता हुआ चला आता है। जबकि दुर्भिक्ष का आलम यह है कि सुग्गा मामा की कटहुली बदा होने को कौन कहे ख़ौंखियाये वानर काँटों की भी परवाह न करते हुए बेल के कच्चे फलों को ही तोड़-फोड़कर भकोसना चाहते हैं लेकिन गूदे में भरा लासा न उन्हें निगलने दे रहा है न उगलने। याद आते हैं रामजियावन बरेठा, जो फरूही बजाकर बिरहा गाते थे और काफी पहले एक पार्टी के पक्ष में चुनाव प्रचार करते हुए लोगों का मनोरंजन करते—

> अइसन आइल बा जमाना अरे बाप रे बाप
> गेंदा देवी, राजकिशोरी, उठीं सुचेता अइया
> यहि देसवा में सूखा परिगै, धनवा ह्वै गै पइया
> मकाई ह्वै गै साबूदाना अरे बाप रे बाप

माई-बाप! क्या आप इस बात से इत्तिफाक करेंगे कि मैं खुद तो काँटों से बिंधा हूँ और आपको बिरहा सुनाकर आपका मनोरंजन कर रहा हूँ? क्या जिस अकाल में धान की बालियाँ सूखकर इतनी असार हो जाएँ कि पछोरने के लिए सूप की जरूरत ही न पड़े, जिसमें मक्के के दाने साबूदाने के दानों के आकार में परिणत हो जाएँ उस बिरहा से आप अपना मनोरंजन कर सकते हैं? कीजिए, लेकिन बीघे दो बीघे के रकबे में साल भर की बुभुक्षा मिटाने का आगम अपनी ही आँखों के आगे

चकनाचूर होते देखेंगे तब पता चलेगा कि नमक के टुकड़े के साथ पानी नहीं पीया जा सकता। तभी अनुभव किया जा सकता है कि जिसके पास जीवनयापन के लिए बेईमान लेखपाल के हाथों नापा गया बीघा दो बीघा खेत ही होगा, उसकी सहन में भी दो चार आलबालों से ज्यादा की जगह न होगी। और उसी दो गज जमीं से पंचवटी बनाने की महत्वाकांक्षी योजना होगी तो परस्पर मूलस्पर्शी पेड़-पौधों की जो गति होगी वह हमारे सामने है। बाकी पौधों का पहले ही संक्षेप में बखान इसीलिए किया जा चुका है क्योंकि इस गाथा का नायक तो यही निष्कंटक बेल है। लेकिन जिस पात्र की कायिक और आहार्य अवस्थाएँ ही गड़बड़ हों उसका अभिनय कैसा प्रभाव उत्पन्न करेगा? गदा और पूँछ ही न हो तो हनुमान कैसा? मीमांसकों वगैरह के पदार्थ के ज्ञान के लिए 'घटत्व' 'पटत्व' की जो भी प्रतीति कराई हो पर आज वह हमारे काम की कम ही है। क्योंकि आज के रसायनज्ञों ने पदार्थ को देखकर, छूकर, सूँघकर और चखकर ही परीक्षण करने की प्रविधि बताई है। लेकिन इसमें अन्तिम क्रिया को अध्यापक से निर्देश लेकर ही करने का प्रावधान है—गुरोराज्ञा गरीयसी। यहाँ पहुँचकर मैं द्वैत में पड़ गया हूँ। बेल को देखता हूँ तो पौधा बेल जैसा ही लगता है लेकिन छूता हूँ तो प्रतीति होती है कि काँटे ही नहीं हैं। अब शंका उठती है कि फलने पर फल तो बेल जैसा ही दिखे लेकिन बेल की जगह कुछ और न हो। जबकि आज के ज़माने में बिना जानी हुई चीजों को छूने, उठाने अथवा न खाने की हिदायतें बराबर प्रसारित की जाती रहती हैं। अत: बेल की इस चिकनी-चुपड़ी प्रजाति ने मुझे संशयात्मा बना दिया है। लगता है कि चिकनापन भी एक समस्या बन सकता है और खुरदुरापन भी एक समाधान। यह भी एक पते की बात है।

पता नहीं कैसे हजारी प्रसाद द्विवेदी जी ने देखकर ही 'देवदारु' के विन्यास में एक छन्द खोज लिया था—गद्य का छन्द। मैं बेल के इस पौधे को छूने पर भी काँटों से नहीं छुआता। इसमें मुझे कोई छन्द ही नहीं मिलता। हाँ! पत्तियाँ तो तिपतिया बेल वाली ही हैं और उनका अपना छन्द भी है। प्रतिवृन्त पत्रत्रयी! तो क्या काँटें भी बेल के कोई छन्द हैं जिन्हें अब हिन्दी की कविता से देशनिकाला का वारंट मिल चुका है और छन्दाग्रही बार-बार उन्हें उगाने का पुनरुत्थान करना चाहते हैं? वास्तव में हिन्दी के नये आ (चा) र्यों के लिए अब भी भाषा-भास्कर ही सत्यार्थ प्रकाश है और उनका छान्दोग्य-भाष्य रीतिकालीन तुकान्तता तक ही परिमित। उनकी मानसिकता आर-पार को कौन कहे, तनिक भी अगल-बगल या आगे-पीछे खिसकने को तैयार नहीं। तुकान्तता तो कोई छन्द नहीं है, भगवन्! और वैसा तो कतई नहीं जैसा कि मुक्तछन्द का दावा-दम्भ-छल करने वाली कविता शाब्दिक-तुकान्तों की ओर कंठ में बस जाने का निहोरा करती हुई जीभ लपलपा रही है और छन्द-प्रयोग को पानी

पी-पीकर गरियाती जा रही है। हमें याद रखना चाहिए कि शाब्दिक-तुकान्तता केवल रीतिकालीन कमजोरी है। साथ ही यह भी नहीं भूलना चाहिए कि संस्कृत में छन्द के साथ तुक का कोई सम्बन्ध नहीं। वहाँ छन्द की एकलय है—अतुकान्त किन्तु गेय लय। लेकिन जरूरी नहीं कि हर लय पर आप हारमोनियम लेकर आसन लगा लें। फिर भी संस्कृत में छन्दस्खलन एक वर्जना है—अपि माषं मषं कुर्यात् छन्दोभंगम् न कारयेत्। 'माष' को 'मष' कर दीजिए तो भी चलेगा लेकिन कृपया छन्दोभंग न करें। क्या माष और मष में कोई तुकान्त बनता है? अर्थात् गुरू को लघु कर दीजिए—तुक को तोड़ दीजिए—किन्तु छन्दोभंग मत कीजिए। स्पष्ट है कि तुक कोई और चीज है जबकि छन्द कोई और ही चीज। द्विवेदी जी ने गद्य में भी एक छन्द की तलाश की थी और एक हम है कि कविता से भी छन्दों के निष्कासन पर आमादा हैं! यह अकारण नहीं कि आज कविता अपने अस्तित्व की लड़ाई लड़ रही है और केवल कागज़ी कार्रवाई बनकर रह गयी है। आखिर, यह कैसी विडम्बना है कि मुक्तछन्द के अधिवक्ता और छन्द-प्रयोग के प्रतिवादी गिनी-चुनी पंक्तियों, प्रविधि और शब्दों-मात्राओं वाले सॉनेट और हाइकू को तो शिरोधार्य करने को तैयार हैं लेकिन अन्य छन्दों को धिक्कारते नहीं अघाते? छन्द तो एक आन्तरिक लय है' —बिन मूल की अमर बेल। किन्तु मूलगामी प्रवृत्तियाँ वेदना की भोथरी कुल्हाड़ी लेकर उसकी जड़ खोदने और खोजने में मशगूल रहती हैं। कभी वह ऊपर ही दिख जाए और प्रांशुलभ्य भी हो तो उसे नोच-नोचकर ही कपि-कर्म पूरा किया करती हैं और कविता के कर्मकांडी उसकी अन्त्येष्टि के चुटकुले सुनाया करते हैं। बात अटपटी लग सकती है किन्तु समझ में यही आता है कि आज कविता ने अपनी संवेदना और भाषा का यथेष्ट पारा संचित कर लिया है फिर भी उसे अपने छन्द का तापमान अर्जित करना ही होगा। अन्यथा कविता को कविता कहनेवाले लोग भी नहीं बचेंगे।

इस बेल के बचाव पक्ष में मैं यही दलील देना चहता हूँ कि मुझे काँटे इसके छन्द ही लगते हैं—प्रतिरोध या असहमति के स्वर। इसमें हर काँटे के मत का मूल्य एक और एक समान है। किसी के पास दो मत नहीं। कोई काँटा सीनियर-जूनियर नहीं। इस छन्द में न कोई लघु है, न कोई गुरू। ये निर्मात्रिक और अक्षरच्छन्द हैं—वैदिक छन्दों की भाँति परिमित किन्तु अनियम। वैदिक छन्दानि परिगणनया परिमितानि भवन्ति। तत्राक्षराणाम् लघुगुरूक्रमस्य कश्चिन्नियम विशेषो न भवति। काँटे बेल के छन्द हैं जिन्हें इस पौधे से निकाल दिया गया है। यदि ये इसके नख ही हों तो उन्हें काटा नहीं बल्कि उखाड़ लिया गया है। बस्ती के जीन में भी परिवर्तन हो रहा है। ये बस्ती छन्द है और बस्ती कृतज्ञ है भारतेन्दु जी का इसलिए कि जैसे भी, इसे साहित्य में पहले-पहल लाने का श्रेय उन्हें ही है। हमारा अनुरोध यही है कि यदि

उनका सच्चा वारिस कोई कभी यहाँ, पधारेगा तो उसे किसी 'नैवेद्यम्' नामक दुकान की जगह यहाँ के विख्यात फल अनुसंधान केन्द्र ले जाकर दू गो पौधे उपहार में सादर पकड़ाऊँगा और बोलूँगा कि भइया, इसी में पत्रम्-पुष्पम्-फलम् सब है। शेष अपने जनपद जाकर अपने ढंग से सोचना और समझना।

कोबरा सर

उक्त सर से जितने परिचित आप होंगे उतना ही बन्दा भी और जितने आप नहीं उतना ही खुद खुदा भी। न कभी दर्शन, न कोई बातचीत और न ही गुण–अवगुण का पता। न कोई स्केच, न कोई फिंगर–प्रिन्ट और न ही कोई ऑयल–पेंटिंग। तब इस नामरूपात्मक जगत में उनके नाम भजने के अलावे दूसरा चारा नहीं। और सच पूछिए तो इस नाम के दंश से ही इतना बेचैन हूँ कि जुलाई 2004 से ही कराह रहा हूँ। कुछ जहर उगल सकूँ तो शायद कुछ सुकून मिले। भगवान झूठ न बुलवाए, जुलाई 2004 में अपने साथ कोई हादसा नहीं हुआ था। केवल इस नाम का बोर्ड भर टँगा हुआ देखा था, जिसने बिजली के लोहे वाले खम्भे की उस चेतावनी को लगभग ढँक दिया था जिस पर कंकाल बनाकर 'सावधान, खबरदार, खतरा' लिखा था। लेकिन 'कोबरा सर' नामक बोर्ड ने इतना बींध दिया था और पढ़कर इतनी सरसराहट हुई थी जिसका पसीना अभी तक नहीं सूखा है। इससे तो अच्छा बेपढ़ा जाट ही बना रहता, पढ़ा जाट बनकर खुदा क्योंकर बनना। अनपढ़ रहता तो बाँचने की झंझट तो नहीं रहती। पहले सोचा कि 'नाम में क्या रक्खा है' वाली कहावत के जरिए इस बला को टाल दूँ। पर एक तो आदमी, आदमी में भी शिक्षक और उसका सरनेम कोबरा सर! हे गुरुरूपेण! उपनाम ही रखना था तो इंजीनियर सर, डॉक्टर सर, मैनेजर सर, प्रोफेसर सर, सम्पादक सर, वी.सी. सर, फलाने सर, ढेकाने सर जैसे सरों का कोई अकाल था कि है? नागराज! तक्षक! भुजंग! फेंटार! कृपया मेरा ब्लडप्रेशर देख लें सर! इतना हिंसक और डरावना नाम कि सुनकर सिर चकरा जाए। अब तो वे घूम–घूमकर चम्पी करनेवाले गुनी भी कहीं नहीं दिखाई देते जो 'आ जा प्यारे, पास हमारे, काहे घबराए?' गा–गाकर कुछ सूकून देते थे। कानों से, खूँट निकालने वाले, पॉलिश करने वाले, मुलायम मजेदार चने जोर गरम वाले जैसी नन्हीं पूँजी की अस्मिताएँ विलुप्त हो रही हैं। अब उद्दाम पूँजी के प्लाजा, मॉल्स मल्टीनेशनल, हाई–वे, प्रोफेशनल्स, हब्स हावी हो रहे हैं, जबकि सरकारी नुमाइन्दे जनता की फिक्र में जार–जार रो रहे हैं! हम तो उस जमाने के भीरू हैं जिनके हत्या या बलात्कार शब्द

सुनकर रोएँ गनगना जाते थे, जबकि आज मीडिया ऐसी घटनाओं का कवरेज करने के लिए स्क्रीन को आसमान और काग़ज को समुद्र जितना बड़ा कर देने की जुगाड़ में है। हम तो चिउँटहरी से ऋषि बाल्मीकि के नामकरण की कहानियाँ पढ़कर रोमांचित हो जाते थे, जबकि आज के बच्चे दाँतों के अदृश्य कीटाणुओं को विज्ञापन में दैत्याकार देखकर ताली पीटते हैं। तो क्या आज का केन्द्रीय रस भयानक और बीभत्स है? हो सकता है कि 'कोबरा सर' का बोर्ड बढ़कर हमारे जैसे अभिभावक जिस आशंका से व्यग्र हों, उनसे कोचिंग ग्रहण करने वाले-वाली नयी पीढ़ी के भावी प्रोफेशनल्स के मन में कोई और ही छवि हो। यह कहाँ लिखा है कि जिसका नाम बड़ा सुन्दर होगा वह विद्या-वारिधि ही होगा? बहुत-से वृहस्पति और गणेश नामक प्राध्यापक पूरे घोंघा-वसन्त देखे गये हैं। 'नाम चीनी प्रसाद और लज्जत चोटा की भी नहीं' वाली कहावत प्रचलन में ही है। होने को तो कुछ भी हो सकता है, लेकिन आज के जमाने में यह कदापि नहीं हो सकता कि कोई धन्धेबाज अपने धन्धे का अपनी तरह से प्रचार-प्रसार न करे! यह दुनिया का सबसे महान् लोकतन्त्र है। सेंसर माने तानाशाही। क्यों सर? यस सर!

सरों की सोहबत में आने का सौभाग्य हमें काफी देर में मिला। हमारा संस्कार तो पंडितजी, मुंशी जी, मौलवी साहब से शुरू होकर 'गुरुजी' ही कहने और सुनने का आदी था। 'गुरुजी' में भी गुरुजी के चरणों तक सीमित लक्षण-भाव वाला। कहते हैं कि जब खोजते-खोजते राम को कहीं गिरे हुए केयूर-कुंडल मिले और उन्होंने उन्हें दिखाकर लक्ष्मण से सत्यापन कराना चाहा कि क्या ये आभरण प्रिया सीता के ही हैं तो अनभिज्ञता प्रकट करते हुए लक्ष्मण ने अनुरोध किया कि यदि चरणों के नूपूर होते तो पहचान भी लेता। उस श्रद्धेया भाभी की अब तक मैंने केवल चरण-वन्दना ही की है। ऊपर की ओर कभी भूलकर भी निगाह नहीं गयी-'नाहम् जानामि केयूरे नाहम् जानामि कुंडले/नूपुरे त्वभिजानामि नित्यम् पादाभिवन्दनात्।' इसी भाव से गुरू को देखने और गुरुता सँभालने के संस्कार बने जिन्हें बिगड़ने में और कुछ लगे, न लगे लेकिन कुछ समय तो लगता ही है। हमें बोध कराया गया था कि गुरू की करनी पर ध्यान न देकर केवल उसके कथन को शिरोधार्य करना ही श्रेयस्कर है। न कोई ननु-नच न कोई प्रतिप्रश्न। गुरोराज्ञा गरीयसी। और गुर्वाज्ञा लगभग फतवा थी। इसमें निहित अतिमर्यादा ओर अतिश्रद्धा ने कभी-कभी भयानक धर्म-संकट खड़ा किया है और वह गरीयसी अति गरिष्ठ भी साबित हुई है। ऐसी गुरुता जब-तब दबा देती है, इतना कस के कि आप पिसते ही जाएँ। ऐसी गुरुता का आधा भीरूता पर टिका था। इसी गुरुता से मुक्त होने के लिए ही तो सरों की सरहदों की ओर बढ़ा था और सोचा था कि अब बेखटके रहेंगे। उधर का वातावरण काफी लोकतान्त्रिक होगा। न किसी प्रकार का मानसिक दबाव, न डर-भय। और तभी

दर्शन हो गये कोबरा सर के!

घटना कानपुर की है। उसी कानपुर की जिसे कभी उत्तर प्रदेश का मैनचेस्टर माना जाता रहा है। जहाँ के उद्योग-धन्धे चौपट हो जाने से हजारों की तादाद में बेरोजगार हुए लोग रेहड़ी-पटरी वाले बन गये हैं। पान की गुमटियाँ खोले हैं या महँगााई की मार से जिन्दा बच जाने के लिए पॉलिथीन के कवच ओढ़े हुए हैं। दाल में नमक और सब्जी में बेशी मिर्च डालकर केंची-बेंची का पालन कर रहे हैं। जहाँ ज्यादातर नमक और मिर्च ही दाल और सब्जी के विकल्प रह गये हैं। वही कानपुर अब शिक्षा की बड़ी मंडी में तब्दील हो चुका है। इंजीनियर, डॉक्टर, आइटियन्स बनने का सपना पाले हुए युवक-युवतियों का रेला पूरे प्रदेश से काकादेव की ओर बढ़ रहा है। जगह-जगह भव्य कोचिंग संस्थानों और विषय-विशेषज्ञों के बोर्ड चमक रहे हैं। नयी पीढ़ी के साथ कुछ अकिंचन अभिभावक भी हलकान हैं। बच्चों के पीछे-पीछे वे भी टटोलते हुए कोचिंगों के चक्कर लगा रहे हैं। कहीं भास्कराचार्य के बोर्ड हैं, तो कहीं सर सी.वी. रमन के नाम से, तो कहीं मादाम क्यूरी के नाम से। कोई सर आई.आई.टी. हैं, तो कोई फाई-फाइटी। तभी बिजली के उस खम्भे पर टँगे बोर्ड पर निगाह जाती है, जो किसी चारदीवारी के मोड़ पर गली को और सँकरा करते हुए खड़ा है। बाएँ चप्पल की दूकान है और दाएँ खम्भा। खम्भे पर सर नहीं सर का नाम टँगा है। मूल नाम कुछ और है, उपनाम कोबरा सर! आप गणित के कोच हैं। तो क्या इस नाम और विषय में कोई अन्विति है? क्या कठिन समझी जानेवाली गणित के प्रश्नों को देखते ही देखते डँस लेते हैं? क्या उनके ज्ञान के फुफकार-मात्र से कठिनाई छू-मन्तर हो जाती है? या छात्रों के व्यापक हित में आपने सारी दुनिया की कटुता पी-पचा ली है? अथवा विषय को ही विषैला बना देने की दूर-दृष्टि और पक्का इरादा है? या कि प्रचार और ध्यानाकर्षण प्रस्ताव मात्र के लिए इतना धाँसू नाम चुना है? यह तो सुना है कि सतगुरू के चरण-रज का अमृतवत् अंजन दृग-दोष-विभंजनकारी है, पर यदि गुरु की खोपड़ी में ही जहर भरा हो, तो शिष्यों की सद्गति कैसी होगी? हे भगवान्! कबीर ने तो गुरु को आप से भी बड़ा बताया है। शिष्य को कच्चा घड़ा और गुरु को कुम्हार के रूप में परखा है। लेकिन कानपुर के काकादेव मुहल्ले पर कब्जा किए हुए ये गुरु शिष्यों को गढ़नेवाले कैसे कुम्हार हैं? अरे, रे रे रे रे! इसे कहते हैं संयोग। संयोग का कोई माई-बाप नहीं होता। सारे तर्क ताक पर धरे रह जाते हैं और संयोग घटित हो जाते हैं। याद आ रही है कि उसी काकादेव में कुम्हारों की भी पुश्तैनी बस्ती है। जगह-जगह चाक घूम रहे हैं और चारों ओर मिट्टी के लोंदे, कच्चे दीये, घड़े, सुराहियाँ, कस्तरियाँ, परई, कोहा फैले हुए हैं, लेकिन कोचिंग संस्थानों की ऊँची अट्टालिकाओं की लम्बी परछाइयों के कारण वे डर-डरकर सूख रहे हैं। मिट्टी के बर्तन बनानेवाले इन विश्वकर्माओं ने

अभी अपना पुश्तैनी पेशा नहीं छोड़ा है। कहीं-कहीं आँवे भी सुलग रहे हैं काकादेव में। समूची दुनिया में गुरु-कुम्हार का ऐसा रूपक शायद ही और कहीं घटित होता हो! कहना चाहिए कि यह रूपक नहीं, बल्कि अति-यथार्थ है। कुम्हारों के द्वीप पर गुरु-घंटालों का कब्जा! कहते हैं कि एक कुम्हार-दम्पति के सिर्फ दो बेटियाँ थीं। जिनमें से उसने एक को किसी सीमान्त किसान के घर ब्याहा था और दूसरी को कुम्हारी का पुश्तैनी पेशा करने वाले के घर। एक दिन हालचाल लेने निकला, तो पहले किसान के घर पहुँचा। समाचार के तौर पर बेटी ने बताया कि फसल सूख रही है इन्द्रदेव बरस जाते, तो बड़ी कृपा होती। इसी क्रम में कुम्हारी का पेशा करनेवाले के यहाँ दस्तक दी, तो उसे बेटी ने बताया कि बाहर आवाँ लगा है। कुछ दिन इन्द्रदेव ऊपर ही रह जाते और न बरसते, तो बड़ी कृपा होती। आशय यह कि हर पुश्तैनी पेशा करनेवाला रामभरोसे और ऊपर कृपा करनेवालों के ही ऊपर टिका है। उसके हाथ मे केवल जी-तोड़ श्रम है। यह श्रमिक चाहे किसान हो या दस्तकार, कुम्हार हो या लोहार। सारे अधिकार, सारे संसाधन, सारी योजनाएँ उन कृपा करनेवालों के कब्जे में हैं जो ऊपर बैठे हैं। और कृपा को कोप में बदलते देर नहीं लगती। चाहे वह गुरु-कृपा हो या भगवत्कृपा अथवा राज-कृपा!

गुरु-कृपा के कांक्षी कबीर ज्ञान के लिए हलकान हैं। उनके पास केवल प्रेम और श्रद्धा की पूँजी है। वही खर्च करने की विवशता और सामाजिक स्थिति ही उन्हें गुरु को कुम्हार और शिष्य को कुम्भ के रूप में देखने की दृष्टि प्रदान करती है। इसी जमा-पूँजी की बदौलत अनपढ़ कबीर बड़े-बड़े पोथी-पत्रावादियों को तो ठेंगा दिखाते हैं और अज्ञान में फँसे लोगों के भीतर ज्ञान की ज्योति जलाना चाहते हैं। सच्चा ज्ञानी वस्तुतः वही है जो अति समझदारों को नासमझ और नासमझों को समझदार बनाता और बताता है। जो समझदारों को और समझदार तथा नासमझों को और नासमझ बनाने की कूटरचना करते हैं, वे ज्ञानी नहीं सौदागर होते हैं। वे गुरु नहीं कोच होते हैं। उनके लेखे शिष्य, शिष्य नहीं ग्राहक हैं जिनसे सफलता की गारंटी और मोटे पैकेज का सपना दिखाकर फीस की मोटी रकम वसूलनी है। अरे गुरुवर! अहो सतगुरु! अहा गुरुवर त्राहिमाम्! सरों की सरसराहट से शुरू होकर फिर बन्दा गुरुओं से गुरगुराने लगा। इसी को विचलन कहते हैं। यही गँवारों के लिए बिछलन है। और फिर डरे हुए आदमी का उच्चारण भ्रष्ट हो जाता है, रक्तचाप बढ़ जाता है, गला सूख जाता है, पसीने से नहा जाता है और कभी-कभी बोलती बन्द हो जाती है। ऐसी दशा या तो ज्ञान के शिखर पर होती होगी या फिर अज्ञान के ही श्रृंग पर! पर संस्कार भी जाते-जाते जाते हैं। गुरुत्वाकर्षण से पूरी तरह मुक्त हो पाना भी उतना आसान नहीं। गुर्वादेश को परमादेश मानने के पीछे शायद जीवन और जगत की वह अर्जित एवं संचित अनुभव-समृद्धि थी, जो ज्ञान को निखार देती थी। परिपक्वता

इसके मूल में थी। अनुभूति तो सबको होती है, किन्तु अपरिपक्वता के चलते वह अनुभव में परिणत नहीं हो पाती। उसे अनुभव में घटित होने के लिए आवश्यक है अवस्था। यद्यपि कि वयोवृद्ध गुरुओं के सापेक्ष ज्ञानवृद्ध गुरुओं के भी बहुतेरे उदाहरण हैं, जो वयोवृद्धों से असहमत होते रहे हैं और उन्हें नेतृत्वकारी भी माना गया है। ऐसा इसलिए कि नयों के आगे की चुनौतियाँ भी नये प्रकार की होती हैं। उनके लिए आवश्यक है नया ज्ञानोदय! लेकिन अब जब सूचना ही ज्ञान है तब क्या वयोवृद्ध क्या ज्ञानवृद्ध! सच पूछिए तो आज वृद्ध शब्द ही अप्रासंगिक हो चुका है। प्रासंगिक है तो सिर्फ युवा। और युवा के पास दूरी अधिक और समय बहुत कम है, इसीलिए वह त्वरा में है। इतनी त्वरा में कि गिरे, तो सब कुछ चकनाचूर हो जाय और बचे तो सीधे अन्तरीक्ष में दाखिल।

त्वरित न्याय और त्वरित विकास के शोरगुल में त्वरित वृद्धि और त्वरित समृद्धि के लिए पागल यह पीढ़ी दाखिले के लिए हलकान है। उसे अब ज्ञान-पिपासु नहीं, बल्कि पेशेवर बनना है। पढ़ाई के बदले रोजी-रोटी और उससे भी बढ़कर मोटे पैकेज की दरकार है। गलाकाट प्रतिस्पर्द्धा में शामिल होकर सब कुछ स्वर्णिम बनाना है। सोने के कपड़े पहनने हैं और सोने का दाल-भात खाना है। वास्तुशास्त्र के अनुसार फ्लैट बनाना है। जिन्दगी का जश्न मनाना है। धनार्जन हेतु विद्यार्जन करना है। अतः आत्मज्ञान और आत्मालोचन उसके लिए बकवास है। शास्त्रीयता खट्कर्म है। गुरु-गरिमा और कक्षा चक्रव्यूह है। क्लास, क्लासिक और सतगुरु तिकड़ी है। वह खोज रही है कोच और कोचिंग संस्थान। ऐसे सर और मैडम, जो पक्के पेशेवर हों और पक्का पेशेवर बनाने का ठेका लेते हों। स्किल्ड बनाते हों। यह बुद्धि-विलास का नहीं, बल्कि बौद्धिक युद्ध का युग है। बहुराष्ट्रीय कम्पनियाँ पुकार रही हैं। अतीत के सम्भ्रम में नहीं पड़ना है। वे सब बीती बातें हैं। छोड़ों कल की बातें। इसलिए हे कबीर! 'गुरु-कुम्हार, सिस-कुम्भ है,' वाली अपनी साखी वापस लो। हे राष्ट्रकवि! 'शिक्षे, तुम्हारा नाश हो नौकरी के हित बनी' वाली अपनी मिथ्या नैतिकता चिरगाँव में ही सँभालकर रखो। हे सम्पूर्णानन्द! 'शिक्षा का उद्देश्य' पाठ पढ़ते-पढ़ते हम ऊब चुके हैं और उसकी हकीकत जान चुके हैं। अब तो साहित्य भी बाकायदा पेशा हो चुका है और धड़ाधड़ उसके पेशेवर निकल रहे हैं। अब सारी साधना, साधनों के निमित्त है। अतएव हमें नैतिकता की घुट्टी मत पिलाओ। गुरुता का दबदबा मत दिखाओ। बैरियर उठाओ। आगे से हट जाओ। वरना...।

जाओ, हे देश के भविष्य! जाओ! हे अधीर, जाओ! हे सुधीर, जाओ! हे कर्ण! हे विकर्ण! हे गोकर्ण, जाओ! चाहे बच्चन की शैली में, चाहे नाना की शैली में, सलमान की शैली में या इरफान की शैली में, रेखा की शैली में या राखी की

शैली में, शबाना की या कोंकणा की शैली में या तो परेश की शैली में। च्च...च्च, जाओ मुन्ना, जाओ मुन्नी! आँख मूँदकर सीधे चले जाओ! खूब कमाओ! खूब खाओ! मजे उड़ाओ। चाहे किसी गुरुकुल में जाओ, अकादमी में जाओ, कोचिंग संस्थानों में जाओ। संदीपनि सर को कोच बनाओ, द्रोणाचार्य-चाणक्य या आनन्द सर को। एकदम निर्भीक हो, तो कोबरा सर की शरण में जाओ, लेकिन उनसे भी ज्ञान की सुधा या ज्ञानामृत लेकर ही लौटना। और हाँ, जाते-जाते याद रखना कि कोई बहुराष्ट्रीय कम्पनी तुम्हें अपना सी ई ओ बनाकर भेजे तो अपने बाप-दादों के उन खेतों पर कोई प्लांट न लगाना जिनके अनाज बेचकर उन्होंने तुम्हारे कोचिंग की कीमती फीस अदा की है। कानपुर के काकादेव जैसे मुहल्लों में एक और ऐसा कोचिंग संस्थान मत खोल देना जिससे मिट्टी के बर्तन बनानेवाले पुश्तैनी कुम्हारों को वहाँ से विस्थापित होना पड़े। अपने विश्वकर्मा भगवान के साथ इन विश्वकर्माओं को विस्मृत मत कर देना। याद रखना कि तुम अमेरिकी या चीनी नहीं, बल्कि हिन्दुस्तानी हो। तुम्हारी यात्रा मंगलमय हो, इसके लिए हम कालिदास के शब्दों में मंगल-पाठ करते हैं—

रम्यान्तर : कमलिनी हरितैः सरोभिश्छायाद्रुमैर्नियमितार्कमयूखतापः,
भूयात् कुशेशयरजो मृदुरेणुरस्या शान्तानुकूलपवनश्च शिवश्च पन्थाः ।।

उनने अपन घड़ा (गढ़ा)

हमेशा सूखे होंठ और रूखी जबान वाले प्रभाष जोशी से एक ही भेंट हुई लेकिन इतनी सट-सट के जितने में किसी निराडम्बर आदमी को समझने में बहुत मुश्किल न हो। उस एक ही भेंट को मुकम्मल मुलाकात की अनुभूति भी कह सकते हैं। रायपुर संजय द्विवेदी मुझे माध्यम बनाकर उनसे मिलने के इच्छुक थे। इच्छा मेरी भी थी लेकिन किसी सन्नाम विभूति के आगे खुद को परोसकर मिलने की इच्छा कभी नहीं रही। उनके नाम से लगभग देश परिचित था किन्तु हम मिले तो लगा कि किसी-न-किसी सूत्र से वे भी मेरे नाम से परिचित हैं क्योंकि किसी जोगड़ा से मिलने पर उनके हमेशा खिन्न-से दिखने वाले चेहरे पर भिनक की जगह एक अनौपचारिक सन्तोष का भाव था। जल्दी ही बराबरी के स्तर पर वे खुल गये तब मुझे भी अपने सीमित अनुभवों का संकोच न रहा। बातचीत में उन्होंने मुझसे पूछा कि मैं कभी विलायत गया हूँ तो मैंने प्रतिप्रश्न कर दिया कि मैं क्यों विलायत जाऊँगा? फिर उन्होंने संस्कृत सीखने की अपनी लालसा प्रकट की और इधर-उधर की बातों में बताया कि यात्रा के दौरान वे आवश्यकतानुसार तीन अटेचियों (बैगों) का उपयोग करते हैं। यात्रा दो-तीन दिन की हो तो छोटी अटेची, हफ्ते भर की हो तो अपेक्षाकृत बड़ी और पखवारे की हो तो बहुत बड़ी जिससे जरूरत भर कपड़ों-लत्तों का सरंजाम हो सके।

प्रभाष जोशी जैसे निस्पृह पत्रकार के सन्दर्भ में इन व्यक्तिगत विवरणों का निहितार्थ क्या हो सकता है? एक तो यही कि उनकी पत्रकारिता के नाभिक और केन्द्रीय चरित्र प्रायः व्यक्ति ही रहे हैं। लेकिन कोई भी व्यक्ति उनके यहाँ व्यक्तिगत नहीं बल्कि एक समूची प्रवृत्ति का प्रतिनिधि है। ऐसे बहुत से नामी लोग जो अपने अपने क्षेत्रों में सार्थक या सक्रिय जीवन के प्रतिनिधि के रूप में चर्चित रहे, उन्हें अपनी पत्रकारिता के मानदंड पर समूची निर्लिप्तता के साथ कसकर प्रभाष जी दूध का दूध और पानी का पानी करते रहे। विवेच्य व्यक्ति के प्रदाय का वस्तुगत सत्यापन और उसकी खामियों एवं कमजोरियों की शब्दों से खाल उतारने में उनकी

बेबाकी ने कोई कोताही नहीं बरती। इसमें वे सदैव खड़े और खरे रहे। एक प्रशंसा कृपण और विशेषणविहीन भाषा के मौलिक पत्रकार प्रभाष जोशी की ठंडी आवाज में जो आँच थी उसमें न तो किसी किस्म की गिड़गिड़ाहट सम्भव थी न ही आराधना की जय-जयकार। अपनी मुँहफट और मुहद्रोही अड़ी-कड़ी भाषा के वे अकेले दावेदार थे तो इसलिए कि जीवन के अनेक प्रान्तरों से होते हुए शब्दों की दुनिया में पहुँचे थे। इसकी बदौलत ही उनकी सोच और दुनिया शाब्दिक न रहकर जिन्दगी की कठोर वास्तविकताओं से रूबरू थी। किसी से अभिभूत होकर विचलित न होना उनका नेचर था। इसलिए निरपेक्षता की हद तक बर्ताव में दिखते हुए भी जीवन, समाज और राष्ट्र के प्रति उनकी संलग्नता आश्चर्यचकित करने वाली थी। नाम और काम को जोड़कर देखने वाली उनकी दृष्टि विरल थी। किसी के इनिशियल को उठाकर अक्षर-अक्षर डिकोड करने की संवेदनात्मक तर्कशीलता में वे बेजोड़ थे। अपनी बातचीत, वक्तृता या लेखन को अफरमेटिव से शुरू करके सुपरलेटिव तक पहुँचा देना ही प्रभाष जी की ठेठ मुद्रा थी। उनकी अटेची-कथा को भी मैंने इसी रूप में लक्ष्य किया।

प्रभाष जोशी अपनी पत्रकारिता में जो पुश्तैनी सम्पदा लेकर आए थे उसमें गालबा के पठारों की कँकरीली सपाटता, होंठ चटखा देनेवाली जिज्ञासाओं की अनबुझ प्यास, लाल-लाल मिट्टी की सोंधी उर्वरता और सामान्य आदमी को हँफा देनेवाली परेशानियाँ एवं समस्याएँ थीं। इसी के साथ अर्जित सम्पदा में उन्हें भूदानी बिनोवा भावे का क्षेत्र संन्यास और गाँधी दर्शन से प्रेरित वह सादगी मिली जिसने लोकसत्ता के प्रति उनके जुनून को परवान चढ़ा दिया। राजाओं-महाराजाओं वाले मध्य प्रदेश की सामन्ती सोचवाली विद्रूपता ने उनके स्वाधीन चिन्तन में ऐसी खलल पैदा की कि वर्चस्ववाद के खिलाफ उनके मन में हमेशा के लिए नफरत हुई लेकिन यह नफरत नकारात्मक न होकर दिन ब दिन उन्हें लोकतान्त्रिक मूल्यों की अडिग पैरोकार बनाती गयी। लोकतान्त्रिक अवयवों ने उन्हें इतनी गहराई से पकड़ा कि कोई भी प्रलोभन न तो उन्हें खरीदने की जुर्रत कर सका और न ही कोई निजी बाध्यता उन्हें बिकने की हद तक पतित कर सकी। यही वजह रही कि प्रभाष जी काजल की कोठरी के चप्पे-चप्पे से निकलकर बेदाग और साबुत बच निकलने वाले पत्रकार सिद्ध हुए। जिस लोकतन्त्र में उनकी इतनी गहरी निष्ठा थी उसके सूत्र दरअसल उस स्वराज्य की कोख से निकले थे जिसमें हर तरह से अदीन और स्वावलम्बी रह सकें। हर हाल में अदीन रहने की यह भावना ही उन्हें हर तरह की कृपा से भड़काती रहती थी। अत: न तो उन्होंने किसी का कृपापात्र बनना मंजूर किया और न ही किसी को कृपापात्र बनाने की सचेत कोशिश की। अपने इसी हठ के चलते ही उनकी लेखनी न तो किसी का चारणगान लिख सकी और न ही व्यक्तिगत खुन्नस मिटाने

के लिए किसी की अतिरेक भरी थू-थू पर उतारू हुई। बल्कि इन दोनों ही अतिवादों से अलग उन्होंने विवेकसम्मत मूल्याँकन को अपनी कसौटी बनाया और इस दायरे में प्रिय या अप्रिय के साथ किसी तरह के पक्षपात से हमेशा दूध के धुले साबित हुए। किसी व्यक्ति का सार्वजनिक जीवन उन्हें जैसा लगा उसे उन्होंने एक प्रवृत्ति की तरह ही रेखांकित किया और उस प्रवृत्ति का भारतीय जनता पर पड़ने वाले प्रभाव के रूप में मूल्यांकन किया। इस कसौटी पर जो जनता के काम का जितने अंशों में ठहरा उतने अंशों में उन्होंने तारीफ भी की, लेकिन जितने अंशों में कोई नाकाम या अपघाती ठहरा उसमें बेरहमी से नश्तर चलाने में उन्हें कोई हिचक न हुई। इस मामले में किसी के ओहदे को उन्होंने ओहदे की तरह नहीं देखा और न ही कोई लाभ-हानि का गणित उनके तराजू का पासंग बन सका। प्रभाष जोशी हिन्दी पत्रकारिता में अपनी आत्मा की आवाज सबसे अधिक सुननेवाले पत्रकारों में एक थे और उनकी वह आत्मा लोकसत्ता और राजसत्ता की बहुत ही नजदीकी कशमकश से संस्कारित थी। बल्कि यह कहना अधिक ठीक होगा कि लोकसत्ता के वे अविचल पैरोकार थे और राजसत्ता का मोजरा झरोखे में बैठकर लेते थे। इस नाते सार्वजनिक जीवन में शुचिता भंग होते देखकर उनका मन टीस उठता था लेकिन इस कसौटी पर जो खरा उतरता उसके प्रति कृतज्ञता ज्ञापित करने में वे पीछे नहीं रहते।

प्रभाष जोशी सीमित दायरे या सीमित सरोकारोंवाले निरा पत्रकार नहीं थे। वे किसी के प्रकार्यों की समीक्षा राष्ट्रीय मानदंडों पर करने के अधिवक्ता थे लेकिन उनकी बहस गलाफाड़ दलीलें पेश करने की जगह समस्याओं एवं अड़चनों की तह में जाकर खँगालनेवाली थीं जहाँ से फटे हुए दूध का सैम्पुल लेकर उसके राई रत्ती की डॉयग्नोसिस हो सके। यही उनकी शैली थी। लोकतन्त्र का ईमानदार प्रहरी होने के नाते ही उन्होंने अभिव्यक्ति का गला घोंटनेवाली काली इमरजेंसी का मुखर विरोध किया और उन लोगों का भी जो उसके अन्ध समर्थक बनकर सत्ता के मंगलगीत गाने में मशगूल थे। और तर्क देखिए कि बिनोवा जी द्वारा इमरजेंसी को 'अनुशासन पर्व' घोषित करने वाले महावाक्य की उन्होंने गाँधीवादी व्याख्या कर के दिखा दी जिससे उसे हाईजैक करके गलत सन्देश देनेवालों से अपनी निजी एवं साथ साथ देश की निष्ठा को भी महफूज रखा जा सके। देवराला के सती कांड पर उन्होंने देश भर का प्रकोप झेला लेकिन 'गतं न शोचामि कृतं न मन्ये' वाले भाव से सारी धूल झाड़कर जैसे-के-तैसे मैदान में डटे रहे। साँप मारते वक्त लाठी टूटने से वे कभी डरे नहीं। जब पत्रकारिता धृतराष्ट्रों को 'प्रज्ञाचक्षु' से नवाज़कर जय-जयकार करने को उतारू हो और भारतीय राजनीति में पनपे निर्लज्ज परिवारवाद की आरती कर रही हो तब प्रभाष जोशी जैसे निर्भीक पत्रकार ने बहरे को कागज पर बहरा लिखकर उसकी ही आँखों के आगे अपनी स्लिप बढ़ा दी। तन मन और कर्म से

गाँधीवादी प्रभाष जोशी गाँधी जी के नाम पर देश को चाटनेवाली काँग्रेसी राजनीति की कमजोर नब्ज को हमेशा टटोलते रहे तो इस सवाल के साथ कि देश के आखिरी छोर पर खड़े एकदम अन्तिम आदमी के आजादी के सपनों का आखिर हुआ क्या? राजनीति में परिवारवाद को वे सत्ता हस्तान्तरण की सामन्ती प्रवृत्ति मानते थे और इसी अर्थ में लोकतन्त्र का कटु विलोम भी। इसी लोकप्रतिज्ञा के नाते वे राष्ट्रीय राजनीति में नेहरू की पीढ़ी-दर-पीढ़ी सत्ताकांक्षा से कभी सहमत नहीं हुए। यही ब्याधि उन्हें नन्दमूरि तारक रामराव की वंशावली में भी दिखाई दी तो उसके कुप्रभावों को रेखांकित करना उन्होंने अपना प्राथमिक पत्रकारीय फ़र्ज़ समझा। एन टी आर और देवीलाल की महत्वाकांक्षाओं को भारतीय लोकतन्त्र पर कुठाराघात मानते हुए उन्होंने गहरा लाल निशान लगाया और 3 सितम्बर 1995 के 'जनसत्ता' में इस तरह कागद कारे किया-"जानकार लोग कहते हैं कि सत्ता में आने के बाद नेता के पास इतना पैसा आ जाता है और सत्ता को धन बनाने में लगाने के इतने अवसर आ जाते हैं कि परिवार वाले और रिश्तेदार अपना हक माँगने लगते हैं। वे बेटे-बेटियों, दामाद, बहुओं, भांजों-भतीजों और भाइयों पर ही विश्वास कर सकते हैं। कुछ लोग पूछते हैं कि यह जनता को बार-बार क्यों समझाना पड़ता है? तो भाई साहब, दुनिया में हर देश की जनता नेता को इसी तरह सिखाती और बनाती-बिगाड़ती है। यही लोकतन्त्र है। चन्द्रबाबू नायडू को भी जनता बताएगी कि सत्ता को ससुर से मिली मानोगे तो छिन जाएगी।"

लोकतन्त्र और राष्ट्रप्रेम जैसे दो तत्वों के सर्वोपरि वकील प्रभाष जोशी सांस्कृतिक राष्ट्रवाद के मुनीबों की भी खबर लेते रहे और उसके मातृ संगठन कहे जानेवाले संघ सम्प्रदाय की हाफ पैंट और काली टोपी उधेड़ने में भी सर्वदा अग्रणी रहे। मुसलमानों की साम्प्रदायिकता को सुरक्षात्मक और हिन्दुओं की साम्प्रदायिकता को आक्रामक माननेवाले प्रभाष जी ने साम्प्रदायिक उन्माद की विषबेल तैयार करनें वालों का हिंसक और विध्वंसक भाषा में लगातार पर्दाफाश किया लेकिन उन्हीं प्रभाष जोशी ने 'हिन्दू होने का धर्म' नामक किताब भी लिखी और उसी संघ परिवार के सम्मानित सदस्य नानाजी देशमुख के रचनात्मक कार्यों और अदम्य लोकेषणा के सम्मुख अपना सिर भी झुकाया। वे यथास्थितिवाद के विरूद्ध एक अडिग प्रतिवाद थे। उनका प्रतिवाद इतना पैना था कि खरोंच गहरी होती थी लेकिन संवेदनतन्त्र भी इतना सकरुण था कि उमा भारती और गोविन्दाचार्य के मैत्रीपूर्ण सम्बन्धों के भी पक्षकार बनने से उन्होंने गुरेज नहीं किया। कोई पत्रकारों में शेर हो सकता है पर प्रभाष जी सवा सेर साबित हुए क्योंकि वे कोरे पत्रकार न थे। वे हर उस मुद्दे को सामाजिक बनाकर ही दम लेते जो अक्सर व्यक्तिगत दिखाई देता था। राजनीति में वे न तो किसी राजनेता के आभामंडल की चकाचौंध में पड़े और न ही

किसी राजनीतिक दल के पिछलग्गू कभी दिखे। उनके लिए वही राजनेता या राजनीतिक दल स्वीकार्य था जिसकी नीतियाँ या कार्यप्रणाली जनसामान्य के हित के पक्ष में जाती थीं अन्यथा आत्मीय से आत्मीय लोग भी उनकी आलोचनाओं के निशाने पर रहे। किसी भी अपराधी को उनके शब्दों ने माफ नहीं किया। पत्रकारिता उनके लिए सिर्फ पेशा नहीं बल्कि वरण थी और वे वहीं रहकर स्वाधीनता के साथ मूल्यों की ज़िन्दगी जी सकते थे और वैसा सब कुछ कर सकते थे जैसा वे स्वयं चाहते थे।

कहते हैं कि हर आदमी के भीतर दस-बीस आदमी होते हैं लेकिन प्रभाष जोशी के भीतर सिर्फ़ एक ही आदमी था पर उसमें इतने कोठे और इतनी मंजिलें थीं जिसमें खेल, साहित्य, संगीत, पर्यावरण, राजनीति, पत्रकारिता और जाने क्या-क्या समाया हुआ था। उस एक आदमी के भीतर अभिरुचियों की इतनी विविधता थी जितने में कोई भी कमजोर आदमी ब्लास्ट कर सकता था पर प्रभाष जी जैसा पक्का आदमी इन सबको सँभाले हुए कभी दोहरे आचरण में नहीं दिखा। गोलन्दाजी में उनका मन जितना ही सननाता था बल्लेबाजी में वह उतनी ही टकराहट से प्रतिघात करता था। बहुत कुछ जब्त और जज़्ब करके निकलने वाली उनकी प्रतिक्रिया संगीन थी। वे खुद विधान और संविधान में रहने वाले आदमी थे इसलिए किसी को इसका अतिक्रमण करने की छूट देनेवाले नहीं थे। जहाँ कोई उन्हें संविधान के ऊपर जाता हुआ दिखाई देता वहीं उनकी साँस फूलने लगती और वे 'रुकिए, देखिए, जाइए' वाले बैरियर के साथ खड़े हो जाते। आज पत्रकारिता की पहली खबर भी जब टाइप होने के लिए मालिक के आदेशों का मुँह जोह रही हो, अखबारों में विचारों के लिए लगातार जगह सिकुड़ती जा रही हो, ग्लैमर ने वास्तविकताओं को कूड़े में डाल दिया हो और धन्धा मिशन को मुँह बिरा रहा हो तब अपनी मिट्टी के स्वाभिमान और रूप, रस, गन्ध, स्पर्श से लैस प्रभाष जोशी जैसे प्रतिबद्ध एवं खुद्दार सम्पादक नाम की संस्था किसी आलोकस्तम्भी की भाँति दिखाई देती है। उन्होंने को हमेशा उनने और आत्मनेपद को हमेशा अपन के रूप में सम्बोधित करनेवाले प्रभाष जी ने हिन्दी पत्रकारिता का जो प्रतिमान गढ़ा (गढ़ा को वे शायद घड़ा कहते) वह किसी मील के पत्थर से कमतर नहीं। आज की पत्रकारिता चाहे तो उनकी भभूत से भी अपने वजूद और उसूलों को बचाए रख सकती है। जिन सूखे होंठ और रूखी जबान वाले प्रभाष जोशी ने बहुत कम लोगों को किसी सम्मानित विशेषण से नवाजा होगा, उनके न रहने पर आज हम उन्हें आँखों में आँसू भरकर पूरी श्रद्धा के साथ आदरणीय प्रभाष जोशी जी कह सकते हैं। वे एक्सप्रेस समूह के मालवा एक्सप्रेस थे और बेमिसाल थे।

...और फिर बयाँ अपना !

10, विवेकानन्द मार्ग, वाराणसी यानि चन्द्रबली सिंह के आश्रम तक मुझे बान्ह-छानकर पहुँचाने का श्रेय कम से कम जिन दो गणों को जाता है वे हैं—

1. जलेस वाराणसी के तत्कालीन अध्यक्ष ब्रह्माशंकर पांडेय एवं सचिव अशोक पाठक। चूँकि यह आश्रम सम्पूर्णानन्द संस्कृत विश्वविद्यालय की लगभग कनपटी पर स्थित है इसलिए जब-तब वहाँ आने-जाने के क्रम में आश्रम में लुप्प से गेट खोलकर घुस जाना मेरा मनपरका हो गया। आज मैं आठों हाथ उठाकर पूरी ढिठाई के साथ कह सकता हूँ कि चन्द्रबली जी के हमउम्र और गिन-चुने घनिष्ठ मित्रों को छोड़ दें तो शायद मैं अकेला ज्वान हूँ जो उस आश्रम के बरामदे के बाएँवाले लैट्रिन-बाथ अटैच्ड अलिन्द का बार-बार अतिथि बना हूँ। ऐसा क्या था उन जैसे सख़्तमिजाज-से दिखनेवाले दधीचि में कि मेरे जैसे अदने और नाचीज़ युवक का प्रतिबन्ध रहित प्रवेश था वहाँ? इतना तो निश्चित है कि किसी चपर-चपर करनेवाले आदमी को डाँटकर भगा देना उस आश्रम की सर्वविदित संस्कृति थी।

उसे घर, मकान, विला, अट्टालिका, अपार्टमेंट कुछ नहीं कहा जा सकता। उसे सिर्फ किसी के रहने की जगह ही कहा जा सकता है। रहने की और पाए जाने की। कहते हैं कि गादुर के घर पाहुन आए तो गादुर बोला कि भाई एक डाल पकड़कर तुम भी लटक लो। ऐसा आश्रम जिसमें सिर्फ़ दो स्वयंसेवक। एक पिता नामक चीज़ दूसरा पुत्र नामक। दोनों अधेड़। चन्द्रबली जी के सुपुत्र बब्बू जी (आई.आई.टी. से रसायन शास्त्र में पीएच.डी.) किसी गर्दनी बीमारी से 30% हमेशा झुककर चलनेवाले उस आश्रम के दूसरे साधु थे। खादी के सफेद कुर्ता-पाजामा से लैस कन्धे पर झोला लटकाए उन्हें दूध और बिस्कुट और दलिया और चीनी का पैकेट लाते हुए कभी भी देखा जा सकता था। वे कविता, साहित्य, संस्कृति, संगठन और विचारधारा आदि पर साधिकार बातचीत कर सकते थे। मुख्य कक्ष की दीवार पर चन्द्रबली जी की स्व. पत्नी का गरिमामय चित्र टँगा रहता था। अकेले पिता और अकेले पुत्र को एक साथ इतना अकेले-अकेले रहते हुए शायद ही कहीं देखा गया हो। चन्द्रबली जी,

बब्बू जी के बारे में कोई बात इतनी दबी जुबान से कहते कि कहीं वे सुन न लें और उसी तरह बब्बू जी भी। वह दलिया, दूध, चीनी, चाय की ऐसी गृहस्थी थी जिससे नमक नदारद था। नमक की आपूर्ति नमकीन या बिस्कुट से ही होती थी। ऐसा भी बार-बार हुआ कि अकेला पहुँचा और सत्तरोत्तर चन्द्रबली जी किचन से चाय बनाकर हाजिर तो मेरे जैसा युवक लज्जा से गड़ जाता। तब तक मैं जिस सीमित समाज और परिवार से परिचित था, वहाँ चाय-भोजन वगैरह बनाने का कार्यभार महिलाओं पर ही था। पर यहाँ तो एक पुरुष बल्कि महापुरुष (कद-काठी, व्यक्तित्व और कृतित्व सभी दृष्टियों से) स्वपाकी था। मुझे उनकी दशा बहुत दारुण लगती, लेकिन वह रूप एक कठिन आदर्श। जीवन के उस कालखंड में भी अपने हाथों सबको चाय बनाकर पेश करते चन्द्रबली जी को देखकर मैंने एक और दुनिया का साक्षात्कार किया एवं उनके इस रूप से मेरी सोच, समझ तथा सामाजिक निष्पत्ति का फलक व्यापक हुआ और आँखों के आगे से बहुत मोटा पर्दा हटा। यह श्रम और निजी श्रम के महत्त्व का प्रतिपादन करनेवाला ऐसा आश्रम था जहाँ विचारधारा और साहित्य-संस्कृति में किसी तरह का डेविएशन सर्वथा अमान्य था। यह कर्मवाक् का उदाहरण था, वाक्कर्म का नहीं। बाद में मैंने विजय बहादुर सिंह को भी स्वपाकी पाया तो चन्द्रबली जी को इस दशा में देखनेवाला अपराधबोध नार्मल हुआ और मैं इस निष्कर्ष पर पहुँचा कि हर खानेवाले को, चाहे वह स्त्री हो या पुरुष, बनाना भी चाहिए।

उन दिनों चन्द्रबली जी की उस रिहाइश का नजारा कुछ और था। लौह-कपाट के भीतर प्रांगण में बायीं ओर पानी से लाबलब भरी ईंटें, सीमेंट की एक बड़ी-सी टंकी थी, जिसके ऊपर ओनई हुई सघन लताओं के असंख्य निर्गन्ध पिंकी फूल वानस्पतिक सज्जा बन जाते और कड़क गर्मियों में जिनकी शीतल छाँह में छोटी-छोटी चिड़ियाएँ फुदक और चहक रही होतीं। उन लताओं की सूखी झुराई पत्तियाँ शायद ही कभी बुहारी जातीं। उन पत्तियों के बीच से कीड़े-मकोड़े पकड़ने के लिए जब चिड़ियाएँ नीचे उतरतीं तो उनकी सूखी खरखराहट से एक अजीब अल्पकालिक संगीत उभरता और लुप्त हो जाता। इसी बायीं ओर एक और इलाका था। कैक्टस की इतनी प्रजातियाँ एक साथ एक जगह पर मैंने दूसरी किसी जगह नहीं देखी। उन दिनों के बुद्धिजीवियों में कैक्टस-प्रेम शायद आधुनिक विचारधारा की मरूता का कोई प्रतीक था पर चन्द्रबली जी के यहाँ कलात्मक कैक्टसों की समूची नर्सरी थी। इन काँटों भरे जीवन के प्रतिवाद के रूप में दायीं दीवार की ओर दो-चार गुलाब के भी पौधे थे जिनमें दो-चार श्वेत-रतनार पुष्प मुस्कराने की कोशिश करते जान पड़ते।

वह रिहाइस जलेस की मातृभूमि थी जहाँ उसका आका होता था। यहाँ जान-

बूझकर ही 'आका' शब्द का इस्तेमाल कर रहा हूँ। इतना दो-टूक, इतना साधिकार, इतना निर्भ्रान्त और इतना निःस्वार्थ। सर कटाना मंजूर लेकिन झुकाना नहीं। ऐसी तमन्ना! इसी रिहाइश में जलेस का राष्ट्रीय अध्यक्ष, जिनके सानिध्य में प्रत्येक साप्ताहिक रविवार को वैचारिक साहित्यिक गोष्ठियाँ। यहाँ यह कहना आवश्यक है कि श्री अशोक पाठक चन्द्रबली जी के हाथ-पैर, पी.ए., सेवक, परामर्शक, नट, विट सब कुछ रहे। 'प्रोफेसर' का अक्षरशः पालन और असहमति में उतनी ही स्वादिष्ट फब्तियाँ कसना। पाठक जी यह, पाठक जी वह और पाठक ही यह-वह! कोई बाहरी (बनारस के बाहर का) साहित्यकार आ पड़े तो उसके लिए गोष्ठी। इन गोष्ठियों में ज्ञानेन्द्रपति, वाचस्पति, रोशनलाल रोशन, सुरेन्द्र प्रताप सिंह, वशिष्ठ मुनि ओझा, अनिरुद्ध त्रिपाठी, डॉ. श्रीप्रसाद, रासुधार सिंह, केशव शरण, विद्यानन्द मुद्गल, ब्रह्माशंकर पांडेय, चन्द्रकला त्रिपाठी, उमेश कुमार सिंह, अशोक सिंह और बहुत-से लोग। चन्द्रबली जी की बेबाक सम्मति। ऐसी ही एक गोष्ठी के प्रारम्भ में परिचय-सत्र चल रहा था। परिचयकर्ता ने बताया ''ये डॉक्टर चन्द्रमा सिंह हैं। अमुक महाविद्यालय के प्राचार्य।'' सुनते ही चन्द्रबली जी हत्थे से उखड़ गये। ये कौन-सा परिचय है? यह साहित्यिक गोष्ठी है। इसमें पद-प्रतिष्ठा कहाँ से आ गयी? अरे! बताइए ये कवि हैं, तो कहानीकार हैं, अमुक आलोचक हैं, फलाने नाटककार हैं, ढेकाने जलेस के सदस्य हैं। आप तो ऐसे परिचय दे रहे हैं जैसे और लोग यहाँ अधीनस्थ टीचर या छात्र हैं। तो साहित्य-संस्कृति के प्रति उनका दृष्टिकोण इस हद तक ऊँचा रहा।

उसी बैठकबाजी वाले कमरे में ही एमिली डिकेन्सन, वाल्ट व्हिटमन, नेरूदा और ब्रेख़्त आदि अनूदित होते रहते जिनकी पांडुलिपियाँ बारम्बार के सुधार से अटी पड़ी रहतीं। वे उन अनुवादों को बड़े चाव से तल्लीन होकर सुनाते तब उनके सख़्त चेहरे पर बच्चों जैसा उल्लास मचल-मचल उठता। कभी-कभी उस कक्ष से निकलकर गुमटियों वाली बनारसी चाय भी पी जाती जिनमें मिट्टी के पके पुरवा (कुल्हड़ों) की सोंधी सुगन्ध डबल टेस्ट देती। लौटते हुए वे खुद पान खाते और हमें भी प्रस्तुत करते। उनकी वज्रदन्ती के नीचे बीड़ा इतने कठोर अनुशासन में दबा रहता कि बातचीत कभी स्खलित नहीं होती। वे मसहरी से उठकर फर्श पर खड़े होते तो लगता कोई विचार और संवेदना का सेनानायक अभी-अभी पाताल फोड़कर निकल आया हो। आज महसूस करता हूँ कि वे मुझे बहुत मानते थे। और इसी के साथ यह भी कह सकता हूँ कि वे सबको एक जैसा नहीं मानते थे। अन्यथा उम्र, जीवनानुभव, लेखन और प्रतिष्ठा आदि में जमीन-आसमान का अन्तर होने पर भी दिल खोलकर अपनी पारिवारिक पृष्ठभूमि और अपने बचपन का खाका वे मेरे सामने न खींचते। क्या किसी और से अपने व्यक्तिगत जीवन के बारे में उन्होंने चर्चा

की होगी? कम से कम उनका स्वभाव तो ऐसा न था। मैंने अनुभव किया कि वे जिसको बनारस में अपने दिल में बहुत जगह और स्नेह देते रहे वे थे ज्ञानेन्द्रपति। ख़ैर, उन दिनों चन्द्रबली सिंह जनवादी लेखक संघ के राष्ट्रीय अध्यक्ष थे और जलेस का राष्ट्रीय सम्मेलन जयपुर में प्रस्तावित था। प्रसंगवश इस बीच मैं भी बनारस में था। चन्द्रबली जी ने विहँसते हुए फरमाया—''मैं जनवादी लेखक संघ के राष्ट्रीय अध्यक्ष की हैसियत से तुम्हें जयपुर सम्मेलन में ससम्मान आमन्त्रित करता हूँ। वैसे कार्ड वगैरह तो अलग से जाएगा ही, पर आना जरूर।'' इस वाक्य ने मुझे बाध्य कर दिया और जलेस की वाराणसी इकाई के अध्यक्ष ब्रह्माशंकर पांडेय एवं सचिव अशोक पाठक के साथ जयपुर के लिए हमारा टिकट कट गया।

राष्ट्रीय महासचिव डॉ. शिवकुमार मिश्र रहे। वे चन्द्रबली जी को 'मास्टर साहब' कहते हैं। जयपुर के उस विश्रामस्थल में रात के करीब नौ बजे भूमिशयन करते हुए चन्द्रबली जी ने शिवकुमार जी से कहा—''मिश्र जी, यहाँ मच्छर बहुत लग रहे हैं।'' शिवकुमार जी ने जवाब दिया-''मास्टर साहब, आपकी देह में खून कहाँ है? मच्छर थक जाएँगे फिर भी उसमें से एक बूँद नहीं मिलेगी। अलबत्ता, हड्डियाँ इतनी हैं कि उन्हें निचोड़-निचोड़कर कुत्ते भी अन्ततः थक जाएँगे।'' उस सम्मेलन का उद्घाटन श्रीलाल शुक्ल ने किया था। तीन दिनों के उस वृहद आयोजन में संगठन और साहित्य के सुभटों के बीच कोई मुझे पहचानने वाला न था। किन्तु अन्य वैचारिक सत्रों के बीच काव्य-पाठ के दो सत्र थे। यहाँ मैं जलेस के उस जलसे में एक तरह से समस्या की तरह मौजूद था। किन्तु राष्ट्रीय अध्यक्ष का दुलारा था। काव्य-पाठ करने वाले कवियों की लिस्ट में मेरा नाम अध्यक्ष जी की तरफ से आया तो पल भर में ही अष्टभुजा, अष्टभुजा हो गये। पर अष्टभुजा एक समस्या की तरह थे। समस्या यह थी कि अष्टभुजा जनवादी लेखक संघ के सदस्य ही नहीं थे और जो संगठन का सदस्य ही नहीं था, वह मैनुअल के मुताबिक काव्य-पाठ नहीं कर सकता था। आनन-फानन में सदस्यता का फार्म लाया गया। मैंने चन्द्रबली जी की ओर देखा और उन्होंने मेरी ओर। फिर विहँसते हुए बोले—''साइन कर दो।'' मुझे नहीं मालूम कि 10 रुपये सदस्यता शुल्क किसने जमा किया किन्तु कविता-पाठ के बाद लगभग हर कोई ठीक से पहचान गया। शिवकुमार जी ने तो बाद की वहीं छोटी-छोटी बैठकों में 'माँ' शीर्षक कविता तीन-चार बार सुनी। चन्द्रबली जी जैसा निष्पक्ष व्यक्ति क्या किसी का इतना पक्षपाती हो सकता है? लोहा कितने तापमान के द्रवणांक पर पिघलकर मोम बन जाता होगा? क्या विशेष परिस्थिति में मनुष्य की अनन्तता के आगे कड़े से कड़े सिद्धान्त भी पीछे हो जाते हैं?

बनारस में एक बार तीनों लेखक संगठनों का समवेत आयोजन हुआ। नेपथ्य से सूत्रधार चन्द्रबली जी ही थे। शायद क्वीन्स कालेज वाराणसी में। काशीनाथ सिंह

जी सभागार के बाहर बरामदे में जँगले से सटे मेज पर बैठकर झरोखे से ही सबका मोजरा ले रहे थे। उसमें सम्भवतः शिवप्रसाद सिंह, अजय तिवारी, रमेश उपाध्याय, ज्ञानेन्द्रपति, बद्री नारायण, दूधनाथ सिंह जैसे प्रभृत लोग थे। कविता पाठ का संचालन संयुक्त रूप से बलराज पांडेय और दिनेश कुशवाह कर रहे थे। बीच सभा कुछ धृष्टता करके मैंने लयभंग कर दिया था जिसकी भनक चन्द्रबली जी तक पहुँच चुकी थी। समारोह के बाद चन्द्रबली जी के आवास पर जमावड़ा हुआ। मैं सबकी निगाह में चढ़ चुका था। वहाँ अपनी आदत के अनुसार दूधनाथ जी ने मेरी ओर देखकर चुटकी ली-"अरे, अष्टभुजा मुझे भी थोड़ा लिफ्ट दे दो।" मैंने तपाक से कहा—"मैं आपको कितना ऊपर उठा सकता हूँ?" सबके साथ चन्द्रबली जी भी ठहाके में शामिल हो गये। दूधनाथ जी एक चुप, हजार चुप। दूधनाथ जी का लेखन बहुत महत्वपूर्ण है। चाहे वह कथा साहित्य हो, उपन्यास हो, विवेचन अथवा संस्मरण। सत्यप्रकाश मिश्र पर तो उनका संस्मरण अविस्मरणीय है किन्तु अप्रिय सत्य यही है कि विशिष्ट परिहास उनके वश की बात नहीं।

जलेस का एक और प्रान्तीय अधिवेशन अलीगढ़ में था। उन दिनों प्रदेश-अध्यक्ष दूधनाथ जी थे। वहाँ भी मुझे लगभग ठेलकर चन्दबली जी ने ही पहुँचने का हुक्म दिया। अनमने भाव से पहुँचा तो पता चला प्रतिनिधित्व शुल्क अदा करके ही बपतिस्मा कराया जा सकता है। अपने स्वभाव और परिस्थितियों के अनुसार मैंने शुल्क भरना इनकार कर दिया। बाद में चन्द्रबली जी ने पूछा, "तुम अलीगढ़ सम्मेलन में गये थे न?" मैंने हामी भरी तो उन्होंने फिर पूछा,—"वहाँ तो तुम्हारा कविता-पाठ हुआ होगा?" मैंने कहा, "नहीं हुआ लेकिन इससे मुझ पर कोई फर्क नहीं पड़ता।" वे बरस पड़े, "सब महामूर्ख हैं। अरे, तुम पर क्या फर्क पड़ेगा? फर्क तो उन लोगों पर पड़ना चाहिए।" मैंने मन-ही-मन केदारनाथ सिंह को याद किया—मेरे युग का मुहावरा है/फर्क नहीं पड़ता। लेकिन अब चन्द्रबली जी के न रहने पर काफी फर्क पड़ा है। अपूर्व जिजीविषा के उस एकल धज पर, प्रतिबद्धता की ऐसी कसौटी पर, जीवन की निजी परेशानियों को कभी जुबान पर न लाकर सिर्फ रचनाशीलता और संगठन के लिए फिक्रमन्द रहने वाली उस अविरल धुन पर, किसी भी दबाव, अनावश्यक लिहाज या लाभ-हानि की गणित से बहुत दूर रहने वाले अविचल विश्वास पर और सबसे बढ़कर एक निर्णायक मनुष्य पर। यह निर्णय चाहे अपने बारे में लेना हो या औरों के बारे में। एक चमकीला हठ बरकरार!

आखिरी सालों में कँटीले कैक्टसों की क्यारियाँ और गमले छू-मन्तर हो गये थे। झबरीली लता का कहीं अता-पता न था। बची थी तो वही लौह-प्रतिज्ञा, अडिग आलोचना और माच्चु-पिच्चु के शिखर। इस बार चन्द्रबली जी के कूल्हे की हड्डी टूट गयी थी और वे पाइप के वॉकर से घिरे हुए चलने के लिए विवश थे। उस रूप

में उन्हें देखकर लगता जैसे सिद्धान्त ने खुद को कटघरे में खड़ा कर लेने पर भी चलना नहीं छोड़ा था। मसहरी पर लौटकर फिर वही नेरूदा, वाल्ट व्हिटमन, ब्रेख़्त, एमिली आदि की कलम पेन्सिल से आक्रान्त पीली-मटमैली किताबें और कापियाँ। वही विहँस-विहँस कर उनके अनुवाद और पुनर्पाठ। इस बार पहुँचने पर उन्होंने उलाहना दिया था—'अब तुम यहाँ नहीं आते हो।' मैंने कहा, ''मैं जब भी बनारस आता हूँ तो यहाँ अवश्य आता हूँ चाहे दस-पन्द्रह मिनट के लिए ही सही। अभी-पिछले अक्टूबर में ही आया था।'' उन्होंने कहा, ''अच्छा, हाँ!''

उस पार न जाने क्या होगा!

साहित्य के तन्त्र के बाहर का नागरिक अक्सर लेखक, आलोचक, विद्वान् और उच्च शिक्षा से जुड़े प्राध्यापकों में कोई भेद नहीं कर पाता। 80 के आसपास तक कम से कम मेरे साथ व्यक्तिगत रूप से ऐसा ही था। किन्तु जब मैंने अपने सहज संस्कार से हिन्दी साहित्य की ओर रुख किया तो पाया कि प्राध्यापकों के अलावा भी लेखक, विद्वान आलोचक, रचनाकार इत्यादि हो सकते हैं। तथापि बस्ती के निकटतम गोरखपुर विश्वविद्यालय के हिन्दी विभाग से जो नाम दूर से ही सुनाई देते थे उनमें रामचन्द्र तिवारी, रामदेव शुक्ल, विश्वनाथ प्रसाद तिवारी, गिरीश रस्तोगी और परमानन्द श्रीवास्तव प्रमुख थे। पता चलता था कि रामचन्द्र तिवारी साफ़-सुथरी और ईमानदार छवि वाले गम्भीतर अध्येता, प्राध्यापक एवं आलोचक हैं। तिवारी जी का सान्निध्य जब भी मिला, साहित्य के अतिरिक्त उन्होंने कभी भी दुनियादारी की बातें नहीं कीं। वे कुछ-कुछ श्रद्धेय लगे। दस्तावेज़-सम्पादक विश्वनाथ जी का नाम और चीज़ों के अलावे कवि के रूप में भी सुनता था। उनसे जब भी मिलना हुआ, एक ठंडी और निरपेक्ष छुअन जैसी प्रतीति हुई। उनकी बातचीत की तीन चौथाई शब्दावली मुस्कान के हवाले! रामदेव जी से कभी-कभार आते-जाते हुए अनौपचारिक मुलाकातों में वे किंचित् सहज, अनलंकृत और निर्भार लगे। पर परमानन्द जी का प्रसार कुछ ज़्यादे ही था और अपनी सक्रिय अनुपलब्धता के चलते वे हमारी पहुँच से काफी दूर थे। यह एक आभासी दूरी थी—जो वास्तविक दूरी भी कही जा सकती है, उम्र और पीढ़ी की दूरी भी मानी जा सकती है, नवोदित और प्रतिष्ठित के बीच की दूरी भी। लेकिन एक सन्नाम आलोचक के 'दर्शन' की इच्छा किस आँख खोलते हुए लेखक में नहीं होती? फिर भी 'दर्शन', दूरियों के चलते इतना आसान तो न था। तब दूरदर्शन भी कहाँ था।

मेरी पहली भेंट परमानन्द जी की आवाज़ से ही हुई। रेडियो पर। कोई वार्ता आ रही थी। गाँव मे रेडियो तब भी संचार का विश्वसनीय माध्यम था, जब छोटे कस्बों के चौराहों पर कदाचित् ही अख़बार पहुँचते थे। तब परमानन्द जी की आवाज

रेडियो के मार्फ़त हम तक पहुँची। हमें लगा कि चढ़ी हुई नगड़ची की तरह टनकती हुई इसी दिलकश आवाज में देश भर के रेडियो पर हर तरह का प्रसारण होना चाहिए। बाकी सारे उद्घोषकों या वर्ताकारों की छुट्टी कर देनी चाहिए। खैर! हर शब्द जैसे नहा-धोकर अपने समूचे अनुनाद और अर्थवत्ता के साथ, ध्वनियों का ऊष्म लावा बनकर फूट रहा हो। उस आवाज़ में नेपथ्य से ही मंच मुखर हो जाता था और कंठ जैसे शब्दों के स्वरग्राम की कोई कार्यशाला हो। उस विश्रुत आवाज़ और उसके मालिक को देखने की लालसा पहली बार पूरी हुई बस्ती में। आचार्य रामचन्द्र शुक्ल हिन्दी परिषद् की ओर से शुक्लशताब्दी वर्ष का आयोजन था। पहली बार विद्वानों की खेप बस्ती में उतरी थी और मुझे भरपूर 'दर्शन' एवं 'सेवा' का लाभ मिला था। शिवकुमार मिश्र, मैनेजर पांडेय, विद्यानिवास मिश्र, रामचन्द्र तिवारी.... परमानन्द श्रीवास्तव आदि। बाकी लोग ठहरने वाली जगहों में व्यवस्थित हो गये थे। किन्तु जब परमानन्द जी आयोजन स्थल पर जीप के आगे से ज़मीन पर उतरे तो मुझे केदारनाथ अग्रवाल याद आये—धूप धरा पर उतरी! कार्यक्रम के आयोजक द्विवेदी जी ने (तत्कालीन परिषद् के महामन्त्री डॉ. पी. एन. द्विवेदी) झुककर परमानन्द जी के पैर छुए। जबकि परमानन्द जी सामने परिसर में ऐसे ताकते रहे जैसे कुछ हुआ ही न हो। परिचित होने पर मैंने भी हाथ जोड़े तो भी उनकी वही मुद्रा। तब मुझ युवा तुर्क को यही लगा कि परमानन्द जी जैसे पिद्दी वैसे ही पिद्दी के शोरबे को भी समझते हैं। लेकिन आज भी नमस्कार करने पर जब वे दूसरी ओर ही ताकते रहते हैं तो लगता है कि परमानन्द जी वर्तमान की किसी औपचारिकता में फँसने की जगह भविष्य की सार्थकता में विश्वास करते हैं। जहाँ वे खड़े होते हैं, उससे आगे की सोचते हैं। जिस योजना में जीते हैं, उससे आगे की योजना में नियुज्य रहते हैं। निगाहों से ही हाज़िरी भरते रहते हैं। जो बीत चुका उसके बारे में मुड़कर नहीं देखते और जो कर चुके उस पर कोई (अभि) मान नहीं।

कुर्ता-पाजामा हिन्दी साहित्य का एक सुपरिचित विन्यास रहा है। त्रिलोचन जी, अमृत राय, शेखर जोशी, केदारनाथ सिंह आदि को मैंने इसी विन्यास में बार-बार देखा है। पर मैंने हमेशा ही यही अनुभव किया है कि यह भूषा सिर्फ परमानन्द जी के लिए है। कन्धे पर लटकता झोला और उन्नत ललाट पर ओरमी हुई जुल्फ़ें। चेहरे की चिर ताज़गी में फिट पतले होंठों के बीच बहुत कुछ जब्त कर लेने का जज़्बा। व्यसनविहीन उपस्थिति में कायदे का कद। साहित्य की प्राथमिक और एकल कोशिका जिसके बग़ैर साहित्य के—खासकर अपने समय के साहित्य के जीवन की चर्चा शुरू ही नहीं की जा सकती। ज़रूरत है एक सूक्ष्मदर्शी की। परमानन्द जी साहित्य के अमीबा हैं। हर विधा, हर स्पन्दन और हर नयेपन को जीवनदान प्रदान करने के लिए समुत्सुक। अनिवार्य प्राथमिक इकाई की तरह। ज्यों-

ज्यों परमानन्द जी के करीब पहुँचा, लगा कि सचमुच वह एक आभासी दूरी ही थी। वे दूरियों को दूर कर देनेवाले लोगों में से हैं—चाहे वह पीढ़ियों की दूरी हो, ज्येष्ठता या कनिष्ठता की दूरी हो, उम्र की दूरी हो अथवा साहित्य की दूरी हो। इतनी दूर तक यात्रा करने के बावजूद वे बेहद करीब के लगे। परमानन्द जी के सन्दर्भ में हमेशा यही लगता है कि वहाँ हमेशा बराबरी की ही बात हुई है—चाहे भाषा की बराबरी की बात हो या रचनाशीलता की, मज़हब की या समाज की, आलोचना की या रचना की—वे बराबर और बराबरी के ही हामी रहे हैं। व्यक्तित्व के आगे कभी कोई कविता असहाय हो जाती है तो कभी कविता के आगे व्यक्तित्व! इन्हीं नज़दीकियों के बीच एक मर्तबा जब मेरे पहले प्रकाशक ने मुझे सहसा सूचित किया कि कविता संग्रह 'चैत के बादल' की सामग्री कम्पोज़ होकर तैयार है किन्तु मेरा परिचय, चित्र और संग्रह की भूमिका वगैरह नदारद। उसे फौरन भिजवाऊँ। मैं निकटतम सूरजकुँड कॉलोनी, गोरखपुर पहुँचा। परमानन्द जी से बेहिचक कह सुनाया। उन्होंने कहा—मैं ब्लर्ब लिख दूँगा। मैंने कहा—मैं ब्लर्ब नहीं, भूमिका चाहता हूँ। वे तुरन्त सहमत हो गये और चौथे दिन सूचना मिली कि भूमिका तैयार है। उनकी इस सहजता और त्वरा से अभिभूत हुए बिना मैं नहीं रह सका। उसे पढ़ते हुए जब मैं लौट रहा था तो देखा कि 'भूमिका' में उस कविता का बाकायदा ज़िक्र था जिसके बारे में मैं सोच रहा था कि उनका ध्यान जाएगा या नहीं? उनकी आलोचकीय संवेदना में किसान जीवन की वह खटमिट्ठी रागात्मकता मौजूद मिली, जिसे आचार्य शुक्ल ने 'मार्मिक स्थलों की पहचान' से पारिभाषित किया है। परमानन्द जी उस कविता पर खूब ठहरे और बिलमे हैं। कवितांश शायद यों है—'महीने भर बाद/आज लहरा गिरा/कुश होते धान फिर से जी गये/मुँह में जूठ लगने का बँधा आगम/दोनों परानी में बोलचाल हो गयी।' परमानन्द जी की आलोचना बोलचाल की संवादी आलोचना है। सतर्क चयन, मितकथन ओर नयेपन का अन्वेषण उनकी खूबी है। उनकी आलोचना मितभाषा के ईषत्स्पर्श के मन्त्र सम्भव करती है।

ऐसा माना जाता है कि जब महर्षि व्यास के मन में 'महाभारत' (काव्य) लिखने का ताना-बाना चल रहा था तो उसे चक्रटंकित करने वाले लेखक की समस्या खड़ी हो गयी। किसी तरह गणेश लिखने को इस प्रतिबन्ध के साथ तैयार हुए कि बीच में मेरी लेखनी स्थगित नहीं होनी चाहिए। व्याज जी ने भी प्रतिबन्ध रखा कि मेरे बोले हुए का अर्थ समझे बिना लिखना मना है। इस तरह व्यास बीच-बीच में कुछ गूढ़ार्थ वाले श्लोक बोल देते और जब तक गणेश अर्थ सोचते तब तक व्यास श्लोकों की रचना कर लेते। इस लिहाज़ से परमानन्द जी मुझे व्यास और गणेश यानि टू इन वन लगे हैं। अपने समय की रचनाशीलता का अविराम पाठ और उसका सतत् भाष्य करते जाना उनकी आलोचना की विलक्षण और अकेल खूबी है।

उनके आलोचना कर्म और उसके मर्म को देखते हुए सहज ही कहा जा सकता है— यदिहास्ति तदन्यत्र, यन्नेहास्ति न तत् क्वचित्। परमानन्द जी से न तो क्वचित् कभी कोई चूक हुई होगी, न तो वे कभी कहीं चूके होंगे और न ही आज तक वे चुके हैं। फिर भी वे प्रजेन्ट परफेक्ट हैं। मुझे याद आता है कि जिन दिनों वे 'आलोचना' के सम्पादक थे, उसके लिए सामग्री जुटाने में कितने प्राण-पण से जुटे रहते थे। उन्हें कोई कोर-कसर मंजूर न थी। इसके लिए वे स्थापित लेखकों के साथ-साथ हमारे जैसे अदने लेखकों को भी उसी झोंक के साथ फोन और तगादे करते और लिखवाकर ही दम लेते। क्योंकि परमानन्द जी ने कभी छोटे-बड़े में कोई विभेद नहीं किया।

परमानन्द जी हमेशा तैयार नहीं बल्कि तैनात दिखाई दिये हैं। उत्साह, समय, निरालस, सक्रियता और शब्द उनसे पनाह माँगते हैं। उन्हें देखकर ही अगला चार्ज हो जाता है। ध्वनि, प्रकाश आदि जहाँ ऐसे अवयव हैं जिनका प्रति सेकेंड वेग निकाला जाता है, वहीं परमानन्द जी के लेखन का प्रति सेकेंड औसत शब्द निकालना आसान नहीं। लेकिन उनकी स्याही न तो कभी फबदी और न ही कभी उन्होंने शब्दों का इफरात और बेजा उपयोग किया। सघनता सन्तुलन एवं चुस्ती उनके लेखन के निजी हुनर हैं। अपनी कविताओं और कहानियों के जरिए जहाँ उन्होंने अपनी सृजनशील संवेदना का घनिष्ठ परिचय दिया है, वहीं आलोचना का स्वदेश निर्मित करके अपने विचारशील एवं विवेकसम्पन्न समीक्षक की भूमिका का सोद्देश्य और सफल निर्वाह किया है। वे एक ही साथ साहित्य के निरीक्षक, परीक्षक एवं समीक्षक-तीनों हैं।

जिस व्यक्तित्व ने जीवन भर सिर्फ साहित्य ही उलटा-पलटा और जिया हो, उसके बारे में कैसे कल्पना की जा सकती है कि उसका मन राग-विराग से सर्वथा अछूता होगा? किन्तु अपनी शालीनता और ऊर्जा का अधिकाधिक रचनात्मक उपयोग करके, परमानन्द जी कटुताओं को दरकिनार करते रहे। उनका प्रतिकार उनका मौन रहा। वे एक ऐसे बीजू फल हैं जिसने अपना छिलका, गूदा, रस-रेशा सब कुछ समर्पित कर देने के बावजूद भी गुठली के रूप में सर्वस्व बचाने की चेष्टा की है। और यही किसी भी सार्थक जीवन की परिणति है। अपनी कृतियों, कृत्यों एवं सक्रियता के ज़रिए परमानन्द जी ने वर्तमान को जितना ही हैरान किया है, उन्हें देखते हुए भविष्य भी कम हैरान नहीं होगा। परमानन्द जी ने किसी को भी उतना ही शब्द और समय दिया है, जितने का वह पात्र रहा है, जितने से उनके अपने समय और शब्द में कोई कटौती न होती हो। इससे ज़्यादा की जिसने भी ख़्वाहिश की, उसके आगे ही देखते-देखते वे कपूर की तरह उड़ गये हैं। दुनिया की नयी से नयी निगाह भी उन्हें पचहत्तर साल के रूप में देखने की जुर्रत नहीं कर सकती। उनके

लिए पचहत्तर साल रह-रह कर उम्र की गिनी जानेवाली थकान नहीं, बल्कि एक ही साँस में गिनी जानेवाली संख्या मात्र है। बहुत-से लोगों के लिए पचहत्तर वर्ष की ज़िन्दगी कोई चालीस हरे और पैंतीस पीले पत्तों का ढेर है, कई लोगों के लिए पचहत्तर करोड़ का निवेश है, बहुत से लोगों के लिए पचहत्तर हवाई टिकट हैं, नाना लोगों के लिए पचहत्तर कुरुक्षेत्र फतह करने का पौरुष है, अनेक लोगों के लिए पचहत्तर शहरों में पचहत्तर मकान हैं; पर परमानन्द जी के लिए 75 वर्ष—75 × 12 × 30 × 24 × 60 × 60 × 1.4 लबालब ख़्वाहिशो से भरी हुई ऊष्म धड़कने हैं। कोई चाहे तो संगणक से भी इसे तजबीज सकता है। मैंने उनको जब भी देखा। यूँ ही देखा। कभी न आँखें मलते देखा। धीमी आँच पिघलते देखा। सपने में भी चलते देखा। हरा-भरा साहित्य छोड़कर। कभी न नियम बदलते देखा। जिनका परलोक के काल्पनिक और प्रारब्धवादी सुखों में कतई भरोसा नहीं वे इहलोक की जीवन लीला में रग-रग रमे होते हैं। उनका जीवन के चक्रवृद्धि निवेश में कोई इरादा नहीं होता। एक बहुत ही बद्धमुष्टि मनुष्य के रूप में परमानन्द जी ने न तो किसी को कर्ज़दार बनाया और न ही किसी के कर्ज़दार बने। यहीं की जिन्दगी को उन्होंने यहीं दिल खोलकर खर्च किया—एक दुरूस्त दिमाग के साथ। इतने मामूली क़द के आदमी का इतना फैल जाना अपने आप में विरल है। उन्होंने सब कुछ यहीं पाया और यहीं खोया। सचमुच, उस पार न जाने क्या होगा!

❑❑❑

णाणं पयासयं

वीर नि. सं. 2470

भारतीय ज्ञानपीठ

ई. सन् 1944